Chris Stadtlaender – Beethoven zieht um

Beethovenzimmer vor 1845, Rollettmuseum, Baden

Beethoven zieht um

Eine heitere Dokumentation,
berichtet und mit einer Zeittafel, einem Verzeichnis
der Wohnungen und Personen versehen von

CHRIS STADTLAENDER

PENDO

Zeichnungen von Margarete Gsellmeier-von Schuh
Umschlagzeichnung von Lo Nagel

1. Auflage: Heimeran Verlag, München, 1961

Typografie: Bernhard Moosbrugger
Gesamtherstellung: Kösel, Kempten
Neu aufgelegt im pendo-verlag, Zürich 1985
ISBN 3 85842 108 1

Seit Ludwig van Beethoven am 26. März 1827 im Schwarzspanierhaus zu Wien, auf dem Alserstädter Glacis Nr. 200 seine Augen für immer schloß, sind unendlich viele biographische Werke über ihn geschrieben worden, gingen Autoren aller Länder daran, seinen Lebensweg aufzuzeichnen und sein Schaffen zu würdigen. Es war ihr Anliegen, alle Einzelheiten seines Erdenlaufes der Nachwelt zu überliefern und den tiefen Sinn seines Daseins aus dem Erhabenen wie dem Alltäglichen aufzuzeichnen.

Unter all diesen Arbeiten fehlt bis auf den heutigen Tag die eine, die sich ausschließlich mit dem Hauswesen Beethovens befaßt, mit seinem Dienstboten-Elend, ja mit seiner Person als dem unruhig-unliebsamen Mieter, der er Zeit seines Lebens gewesen ist.

Es mag sein, daß hier Gründe der Pietät mitsprachen. Man scheute sich vielleicht, die Absonderlichkeiten eines Mannes ins Licht zu rücken, der zu den Auserlesenen gehörte. Aber damit enthielt man sich eines wesentlichen Hinweises auf sein Dasein: als Besonderer unter den Menschen, dem dennoch nichts Alltägliches fremd war und der für sich bekennen mußte, wie sehr es ihn erschöpfte.

Der Blick hinter die Kulissen eines großen Lebens ist nötig. Aus ihm wächst Verstehen in einem schöneren, tieferen Sinne. Ohne diesen Blick auf Beethovens Behausungen, auf seine häuslichen Angelegenheiten, seine Mietverhältnisse, seine Dienstboten und Hausleute kann weder Mensch noch Genius wahrhaft vor uns erstehen, ist das Bild einseitig, das wir von ihm haben. Ohne Wien und seine Landschaft, ohne die Natur, ja ohne Beethovens immerwährendes Trachten nach der idealen Unterkunft, nach den vollkommenen Arbeitsräumen – ohne diese Alltäglichkeit rundherum bleibt es unvollkommen. Denn Leben und Werk sind so untrennbar wie Leben und Alltag, wie das Werk und die Stätte, an der es entstand.

Mehr als andere war der Mensch Beethoven abhängig von seiner Umgebung und ihrer Atmosphäre. So glücklich und schaffensfroh er in der Natur sein konnte, so elend befand er sich in den zahllosen Wohnungen, die er – allzu rasch bezogen – ebenso hastig wieder verließ. Was ihn mit allen Unbilden seines Daseins immer wieder versöhnte, war Wien, die schöne, musenfreundliche Stadt, war seine Umgebung in ihrer friedvollen, unendlich beglückenden Harmonie.

Es drängt sich bei der Erinnerung an Beethovens Naturliebe unwillkürlich der Gedanke an die 6. Symphonie, die Pastorale, auf, mit ihren Sätzen: Erwachen heiterer Gefühle bei der Ankunft auf dem Lande, Szene am Bach, Lustiges Zusammensein der Landleute und Frohe, dankbare Gefühle nach dem Sturm. Doch es wäre falsch, nur sie und etwa die Mödlinger Tänze mit dem innigen Verhältnis des Meisters zum Land und seinen Leuten in Einklang zu bringen. Bis zu seinem letzten Werk, den Skizzen zu einem Quintett für den Verleger Diabelli, schwang immer die Atmosphäre Wiens mit seinen Weinbergen, den idyllischen Winzerdörfern, seinen Feldern, dem Kahlenberg, den Wäldern und dem silbern glänzenden Strom der Donau in seiner Musik mit. Und mochte Beethoven in seiner raschen Art auch zu diesem oder jenem Zeitgenossen über Wien und seine Menschen schelten: im tiefsten Grunde galt doch unverändert das eine Wort, das er an seine Freundin Therese von Malfatti anno 1810 schrieb: «...kein Mensch kann das Land so lieben wie ich...»

Weil er es liebte, blieb er ein beständig Suchender, ein Ausschwärmender, dem es bald hier gefiel und bald dort. Uns aber ist als Zeugnis ein Teil dieser Wohnungen erhalten, in denen wir dem Genius auf seiner Erdenspur folgen dürfen – in Wien, in Heiligenstadt, in Mödling, Baden, Schönbrunn, Unter-Döbling, Hetzendorf, Penzing und Gneixendorf.

OSTERN 1787

Samstag vor Ostern des Jahres 1787 war es, als der siebzehnjährige Ludwig van Beethoven zum ersten Male nach Wien kam. Er war auf Empfehlung des Kurfürsten Max nach dort geschickt worden, um seine Studien fortzuführen. Insgeheim hoffte der Jüngling, bei dem berühmten Meister Wolfgang Amadeus Mozart Unterricht nehmen zu können. So traf er denn nach siebzehntägiger Postkutschen-Fahrt am 7. April in der Donaustadt ein – viel zu mitgenommen von der Reise, um von ihrer gepriesenen Schönheit und ihrem Glanz allzu beeindruckt zu sein. Und es sollte auch nicht dazu kommen, daß die spätere große Liebe zu Wien sich schon jetzt offenbarte. Wohl spielte Ludwig vor Mozart, wohl bekam er von ihm das Lob: «Auf den gebt acht – der wird einmal in der Welt von sich reden machen», doch dieser erste Aufenthalt in der nachmaligen Wahlheimat sollte nur ein kurzer sein: die Mutter erkrankte in Bonn ernstlich. Und so mußte der junge Beethoven die Stadt per Eilpost nach vierzehntätigem Aufenthalt verlassen. Auf der mit Angst durchstandenen Heimreise, die über München nach Augsburg ging, jagte ein entmutigender Brief von daheim den anderen.

Beethoven traf die geliebte Mutter noch am Leben. Doch schon am 17. Juli des gleichen Jahres starb sie. «Sie war mir eine so gute, liebenswürdige Mutter», schrieb der tieferschütterte Sohn nach ihrem Tode an einen Freund der Familie, «o, wer war glücklicher als ich, da ich noch den süßen Namen Mutter aussprechen konnte ...»

DAS JAHR 1792

Es vergingen 5 Jahre, bis der nunmehr Einundzwanzigjährige an einem kühlen, regnerischen Novembertage zum zweiten Male von fern die Mauern der Donaustadt aufsteigen sah. Und wenn sich ihm auch die Schönheiten ihrer Landschaft an diesem Tage verhüllten, so mochte doch ein eigenes Glücksgefühl den jungen Mann ergriffen haben: er trat in die Metropole ein, die den Schönen Künsten Heimstatt war, die große, gefeierte Meister aller ihrer Zweige beherbergte, mit ihrem Zauber fesselte und inspirierte.

Sein erstes Quartier in der Wahlheimat bezog

Beethoven in der Alsergasse Nr. 45, im Hause des Buchdruckers Strauß. Es war nur ein bescheidenes Kämmerchen im Dachgeschoß, doch den Ansprüchen des Mieters genügte es fürs erste. Es gab ja so viel Neues, Wichtiges in seinem Leben. Der Unterricht bei Josef Haydn begann. Und der junge Komponist gedachte der Worte des Grafen Waldstein, die in seinem Tagebuch standen: «... Durch ununterbrochenen Fleiß erhalten Sie Mozarts Geist aus Haydns Händen.»

Doch bald sollte sich ergeben, daß die beiden Genies allzu gegensätzlich waren für ein fruchtbares Zusammenwirken. Beethoven zeigte sich enttäuscht über den ihm zuteil werdenden Unterricht: er war noch nach sechs Monaten in der Lehre des Kontrapunktes nicht weiter vorgerückt als nach der ersten Lektion. So wandte er sich unter dem Siegel der Verschwiegenheit – um Haydn nicht zu kränken – über seinen Gönner, den Abbé Gelinek, an den damals berühmten Komponisten Johann Schenk, der ihm bald zum Mentor und väterlichen Freund wurde. Auch bei Johann Georg Albrechtsberger und Salieri nahm er Lektionen – mit einem Ernst und Eifer, daß seine Lehrer bald des Lobes voll waren.

Inzwischen war Beethoven zum ersten Male umgezogen. Man hat nie erfahren, wo diese zweite Wiener Behausung lag. Doch eine Notiz in seinem Aufschreibbüchlein aus dem Jahre 1792 zeigt, daß Beethoven in kommerziellen Dingen durchaus nicht so weltfremd und unbeholfen war, wie man ihm immer wieder unterstellt hat. Er schrieb nämlich über den Mietzins seiner Unterkunft: «Der Hausfrau ist nicht nötig mehr als 7 Gulden zu geben, das Zimmer ist so auf der Erd.» Beethoven wußte also durchaus um den Wert einer so alltäglichen Sache, und er beharrte schon in jungen Jahren fest auf seinem Standpunkt. Sein Lehrer Albrechtsberger hatte in jenen Tagen das gleiche Urteil über ihn – was seine Musik anbetraf: «Beethoven war immer durchaus eigensinnig und selbstwollend, so daß er manches durch eigene harte Erfahrung lernen mußte, was er früher als Gegenstand des Unterrichtes nie hat annehmen wollen.»

DIE JAHRE 1793–94

Inzwischen hatte sein glänzendes Klavierspiel ihm die Salons der Wiener Aristokratie geöffnet. Der Adel zeigte sich höchst angetan von dem jungen Künstler, der bald große Männer wie die Brüder Lichnowsky, den Grafen Franz Brunsvik, Baron Gottfried von Swieten, den Grafen Browne, den Freiherrn Ignaz von Gleichenstein und andere zu seinen Mäzenen, zu Freunden wie Schülern zählte. Und es machte sich wie von selbst, daß Beethoven aus seinem unleidlichen kleinen Zimmer «auf der Erd» mit Freuden in die Stadtwohnung des Fürsten Lichnowsky zog, die sich in der Alsergasse Nr. 45, also im Hause des Buchdruckers Strauß befand, wo er zuerst im Dachgeschoß gehaust hatte. Jetzt zog er in zwei geräumige Zimmer im Erdgeschoß.

Dieses Haus ist heute nicht mehr aufzufinden. An seiner Stelle steht nunmehr das Haus Alserstraße Nr. 30. Von dem Buchdrucker Strauß erwarb Fürst Carl Lichnowsky anno 1798 das alte Haus und wandelte es in ein erlesenes Palais um.

Beethoven weilte drei Jahre hindurch als lieber, gern gesehener Hausgenoß bei dem Fürsten. Sicher wirkte sich wohltuend auf sein Werden aus, daß die elementaren Sorgen, unter deren Bewältigung er späterhin so sehr litt, in der großzügigen, ja so überaus kunstsinnigen Atmosphäre dieses fürstlichen Haushaltes gänzlich von ihm abgehalten wurden.

Beethoven bedankte sich für die Gastfreundschaft auf die ihm eigene Weise. Sorglich überwachte er die Studien des Musikfreundes Lichnowsky, die sich vor allem auf seine eigenen Werke erstreckten. Der Fürst kannte und schätzte alle neuen Werke seines Mieters, und er spielte sie auf seinem Klavier nach. Wegeler berichtet darüber: «... Der Fürst war ein großer Liebhaber und Kenner der Musik; er spielte Klavier und suchte dadurch, daß er Beethoven's Stücke studierte und bald mehr, bald weniger geschickt ausführte, diesem, den man häufig auf die Schwierigkeiten seiner Compositionen aufmerksam machte, zu beweisen, daß er nicht nötig habe, in seiner Schreibart etwas zu ändern ...»

An jedem Freitag wirkte Beethoven auch bei der Aufführung seiner neuesten Kompositionen – im Verein mit Schuppanzigh, Weiss, Kraft und Zmeskall – mit.

Im Hause des Fürsten war es auch, wo zum ersten Male das weibliche Element in der besonderen Art an Beethoven herantrat, die ihm sein ganzes ferneres Leben verschönen sollte. Die Fürstin Christiane Lichnowsky, eine der edelsten, liebenswertesten Frauen ihrer Zeit, ergriff die Hand des jungen, in sich gekehrten Genius, um ihn sanft in die ihm noch fremde Welt der Konventionen zu geleiten. Sie allein verstand es, alles von ihm fernzuhalten, was hinderlich und störend sein konnte. Und so erklärt sich auch des Meisters spätere Äußerung, «... wie oft wenig gefehlt dazu, daß die Fürstin eine Glasglocke über ihn gesetzt, damit kein Unwürdiger ihn berühre oder anhauche.»

Die Lichnowskys hatten ihrem Gast nicht nur freie Wohnung und Verpflegung sowie Pflege seiner Werke zugesichert, sondern sie empfahlen ihn auch in ihren Kreisen und schenkten ihm so wertvolle Instrumente wie den Flügel von der Pariser Firma Erard. Dazu bewilligte der Fürst Beethoven ein festes Gehalt, so daß dieser anno 1795 seinem Freund Wegeler mit Befriedigung schreiben konnte: «... Von meiner Lage willst du was wissen, nun sie wäre eben so schlecht nicht. Seit vorigem Jahr hat mir Lichnowsky, der – so unglaublich es Dir auch ist, wenn ich es Dir sage, immer mein wärmster Freund war und geblieben ist ... eine sichere Summe von 600 fl. ausgeworfen, die ich, solange ich keine für mich passende Anstellung finde, ziehen kann ...»

So hatte Beethoven bei den Lichnowskys vor allem eine künstlerische Heimstatt gefunden, die ihm noch erhalten blieb, als er viele Jahre später räumlich von ihnen getrennt lebte. Im Dezember 1805 versammelten sich im Palais die Verehrer und Freunde Beethovens, um über das Schicksal seiner Oper «Fidelio» zu beraten, der in ihrer ersten Fassung ein Mißerfolg beschieden gewesen war. Der Starrsinn ihres Schöpfers lehnte jede Änderung ab, doch die Freunde trugen den Sieg davon – der Ausruf der Fürstin: «Beethoven, so darf Ihr größtes Werk ... nicht untergehen! Geben Sie nach! Tun Sie's zum Gedächtnis an Ihre Mutter! Tun Sie's für mich, für Ihre einzige, Ihre treueste Freundin!» gab den Ausschlag. Der «Fidelio» wurde einer gestrengen Prüfung unterzogen, die ihm Unsterblichkeit verlieh.

Es lag an mancherlei kleinen Zwischenfällen und

Begebenheiten, die mit Beethovens Eigensinn, mit seiner Starrköpfigkeit zusammenhingen, wenn im Laufe der Jahre diese große Freundschaft einen Sprung bekam und an die Stelle der Verehrung und Zuneigung späterhin nur mehr achtungsvolles Begegnen aus der Ferne trat. Einmal war es die andauernde Konvention und die Rücksichtnahme auf die im Hause und an der Tafel geltenden Gesetze, die dem Naturell Beethovens zuviel wurden. «Nun soll ich täglich um halb vier zu Hause sein, mich besser anziehen, für den Bart sorgen usw. Das halt' ich nicht aus!» klagte er. Und so suchte er lieber die Gasthäuser auf, wie er eben ging und stand, als für des Fürsten Tafel eigens Toilette zu machen. Zum anderen ließ sein Patriotismus durchaus nicht zu, die Vorliebe seines Hausherrn für alles Französische zu teilen. Er haßte die Feinde des Vaterlandes und dachte nicht daran, für sie auch nur einen Finger zu rühren.

Es kam, wie es kommen mußte. Zu Gast auf dem fürstlichen Schloß Grätz bei Troppau verschwand Beethoven heimlich zu Fuß in der Nacht, weil er seine neuesten Kompositionen nicht dem französischen General vortragen wollte, der ebenso Gast des Fürsten war. Diesen Fauxpas aber konnte und wollte der großherzige Gönner Beethoven nicht verzeihen. Er hat trotzdem sein Leben lang Beethovens Weg anteilnehmend verfolgt, wenn er auch nicht mehr in direkte Verbindung zu ihm trat.

FRÜHLING 1795

Nach den «Anstrengungen» im Palais Lichnowsky finden wir Beethoven 1795, und zwar während der ersten Hälfte des Jahres, in der Wiener Kreuzgasse Nr. 35, hinter der Minoriten-Kirche, wo er im 2. Stock ein Zimmerchen bewohnte. Er hatte zu der Zeit seine drei Trios op. 1 durch Vertrag an Herrn Carlo Artaria, den bekannten Musikverleger, übereignet, der sich unter dem 19. May 1795 verpflichtete: «... solche gegen Vorausbezahlung von zweihundertzwölf Gulden, rein und schön, auch mit einem zierlichen Titelblatte versehen, binnen sechs Wochen von untengesetztem Datum an gerechnet, spätestens, stechen zu lassen ...»

Gleichzeitig rückte Beethoven in die Wiener Zeitung vom 9., 13. und 16. Mai 1795 die Mitteilung ein, daß «... der Preis eines vollständigen Exemplares 1 Dukaten ist ...» und daß «man in Wien beim Verfasser im Ogylvischen Hause in der Kreuzgasse hinter der Minoritenkirche Nr. 35, 2. Stock praenumerieren könne.»

In dieser Wohnung entstand unter anderen Werken auch die «Adelaide», die ihm indessen selbst so wenig gelungen schien, daß er sie dem Ofen überantworten wollte. Der Hofkapellsänger August Barth, der gerade einen Besuch machte, konnte den Unzufriedenen nur dadurch von seinem Vorsatz abbringen, daß er ihm sogleich die «Adelaide» vorsang. Bis zum Ende des Liedes hatten sich Beethovens ernste Züge aufgeheitert, und er rief zum Schluß ganz gerührt aus: «Nein, lieber Alter! Das werden wir doch nicht verbrennen!»

Die «Adelaide» ist unsterblich geworden ...

DIE JAHRE 1796–97

Über Beethovens Behausungen aus den Jahren 1796 und 1797 herrschen widersprechende Meinungen. Die Wohnung in der Kreuzgasse hatte er aufgegeben, als er zu den ausgedehnten Konzertreisen aufbrach, die ihn nach Preßburg, nach Pest, Nürnberg und Berlin führten. Erwiesen ist, daß er sich – wenn auch vorübergehend – in Wien aufhielt. Es mag sein, daß er für diese kurze Zeit in einem Gasthaus Quartier nahm.

WINTER 1799–1800

Erst das Jahr 1799 sah Beethoven wieder im Besitz einer Wohnung, die uns überliefert ist. Sie befand sich im Hause Nr. 241 des sogenannten Tiefen Grabens – I. Wiener Bezirk. Dies geht hervor aus der Ankündigung seines Verlegers in der Wiener Zeitung vom 26. März 1800: «... Logen und gesperrte Sitze sind sowohl den 1. als 2. April bey Herrn van Beethoven im Tiefen Graben Nr. 241 im 3. Stock, als auch beym Logenmeister zu haben ...»

Interessant ist, daß drei Tage später bei Wiederholung der Ankündigung davon die Rede ist, daß «Billetts zu Logen bei Herrn v. Beethoven in dessen Wohnung, Tiefer Graben Nr. 231, 3. Stock, zu haben sind». Es ist nicht erwiesen, ob sich hier das Druckfehlerteufelchen einschlich oder ob es in der Tat das sogenannte «Greinersche» Haus – die damalige Nr. 241 des Tiefen Grabens – war, in der Beethoven wohnte. Da einer seiner Besucher, der Pianist Carl Czerny, aber davon sprach, daß man «thurmhoch»

Tiefer Graben Nr. 241

zu seiner Wohnung bis in den 5. oder 6. Stock stieg, so ist anzunehmen, daß es eines der hinter dem heutigen Tiefen Graben liegenden Häuser gewesen ist, das nur über mehrere Stiegen zu erreichen war. Diese Gegend nannte sich «Am Hof», aber sicher ließen die Zeitgenossen sich damals durch die Vorderseite, in die sie eintraten, zu der Meinung verführen, Beethoven wohne eben «Am Tiefen Graben».

Auch dieses Quartier wird uns als recht kahl und lieblos geschildert. Es war ein «... sehr wüst aussehendes Zimmer, überall Papier und Kleidungsstücke verstreut, einige Koffer, kahle Wände, kaum ein Stuhl, ausgenommen der wackelnde beim Walterschen Fortepiano ...» (Czerny).

Kein Wunder, wenn der Meister, den man schon jetzt mit Recht als «unruhigen Mieter» bezeichnen konnte, alsbald wieder auf Wohnungssuche ging. Dieses Mal wandte er sich dem Ortsteil Unter-Döbling zu, doch ist auch diese Wohnung nicht bekannt geworden.

In diesen Jahren hatte Beethoven häufig über finanzielle Nöte zu klagen. Sein Bonner Freund Karl Amenda erlebte einmal eine solche Misere mit: Beethoven sollte am anderen Tag Miete zahlen und hatte die Summe nicht beisammen. Doch Amenda, der Praktische, wußte schnell Rat. Er gab dem Freund ein musikalisches Thema auf und sperrte ihn kurzentschlossen in sein Zimmer ein, mit der Auflage: in drei Stunden müsse er die Variationen darüber zumindest begonnen haben. Als er nach dieser Zeit zurückkehrte, fand er Beethoven sehr mürrisch auf demselben Fleck. Auf seine Frage drückte er ihm ein Blatt Papier in die Hand mit den Worten: «Da ist der Wisch.» Die Variationen waren vollständig fertig – sie sind später berühmt geworden unter dem Titel «Freudvoll und leidvoll». Amenda gab dem Hauswirt die Noten und riet ihm, sie einer Verlagsbuchhandlung anzubieten. Nach einigem Widerstreben ging dieser, mehr der Neugierde halber. Doch sehr zufrieden kam er wieder und überfiel Beethoven gleich mit der Frage, «ob er noch mehr solcher Zettel habe».

Für dieses Mal also waren alle Mietzins-Sorgen gebannt.

FRÜHLING 1801

Von Unter-Döbling wandte sich Beethoven im folgenden Jahr wieder mehr zum Kern der Stadt zurück. Nach einigem Suchen fand er auf der Wasserkunst-Bastei Nr. 1196, im sogenannten «Hamberger Haus», eine Unterkunft, die weit mehr seinen Anforderungen entsprach als die vorhergehenden. Es waren drei Räume, die Fenster gingen zur Gasse hinaus. Er hätte sich hier wohl gefühlt, wenn sich nicht recht bald Ärgernisse mit den Hauseinwohnern ergeben hätten. Beethovens Gepflogenheit, bis weit nach Mitternacht zu arbeiten, volle Akkorde so kräftig anzuschlagen, daß es durch das Haus dröhnte, zu singen und mit Gegenständen taktierend gegen die Wand zu schlagen – mit einem Wort: zu poltern – wurde ihm übel vermerkt. Es kam zu wiederholten Vorhaltungen, in deren Verlauf der unliebsame Mieter Besserung versprach. Doch es blieb beim alten. Trotzdem ließ er sich die Freude an der angenehmen Wohnlage und schönen Aussicht nicht verleiden. In einem Brief schrieb er freudig: «Ich habe eine sehr schöne Wohnung jetzt, welche auf die Bastey geht und für meine Gesundheit einen doppelten Wert hat.»

Ja, mit seiner Gesundheit sah es schon um diese Zeit nicht gut aus. Der Einunddreißigjährige hatte über erste Anzeichen der beginnenden Taubheit zu klagen, hinzu kam die Überempfindlichkeit seines Magens und Darmes – vermutlich eine Folge der Pocken, die ihn als Kind heimgesucht hatten. Gerade von einer luftigen Wohnung erhoffte Beethoven sich weitgehende Besserung, die auch zeitweise eintrat. Um diese Zeit kam er urplötzlich auf den Gedanken, sich auch als Koch zu betätigen. Vielleicht war ein gut Teil Mißtrauen gegen die Haushälterin damit verbunden – jedenfalls ging Beethoven auf die Wochenmärkte, prüfte und feilschte mit den Marktfrauen und Händlern und verdarb es durch seine Mäkeleien mit beiden. Alle Vorhaltungen seiner Freunde nützten nichts: der Koch aus Passion hatte sich in diese wahrhaft «barocke» Idee verrannt und führte sie gegen alle Vernunft auch durch. Um aber die Befürchtungen seiner Freunde zu zerstreuen, die sein leibliches Wohl ernsthaft gefährdet sahen, lud er schleunigst alle zu einem Mahl ein – es blieb ihnen nichts übrig, als der festgesetzten Stunde mit banger Erwartung entgegenzusehen.

Sie trafen ihren Gastgeber mit Nachtjäckchen, die Schlafmütze noch auf dem Haar, in eine große blaue Küchenschürze gehüllt, am Herd. Das Menü bestand aus Suppe, Rindfleisch und Gemüse, Ochsenbraten und Obst. Aber wie waren die Speisen mißraten! Die Suppe viel zu dünn, das Gemüse schwamm in Fett und Wasser, ohne gar zu sein; und der Braten schien im Schornstein geräuchert, so schwarz war seine Kruste. Nur der eifrige Koch entwickelte einen guten Appetit – die Gäste würgten kaum einige Bissen herunter. Sie hielten sich lieber an das frische Obst und den Wein.

Nach diesem Experiment schien Beethoven selbst die Lust zu weiteren Kochereien vergangen. Frau Mariandel, seine Haushälterin, trat wieder in ihre Rechte. Er verfügte sich – wenn auch grollend – an das Schreibpult. Trotzdem behielt er zum Andenken an diese Zeit gern seinen Spitznamen «Mehlschöberl» bei. Noch lange danach schrieb er einmal an seinen Freund Johann Nepomuk Hummel, den Klaviervirtuosen: «Dich küßt dein Beethoven – auch Mehlschöberl genannt.»

SOMMER 1801

Vom Sommer des Jahres 1801 an verging kein Jahr, in dem Beethoven nicht die warmen Monate auf dem Lande, in der engeren oder weiteren Umgebung Wiens, verbracht hätte. Er begann Wiens Umgebung abgöttisch zu lieben. In der Natur fühlte er sich frei, und seine musikalischen Ideen begannen zu strömen. Seit diesem ersten Sommer, der ihn in Hetzendorf draußen sah, kannten die Bauern und Winzer den «grauperten (ungekämmten) Musikanten» bald genau, der da in eigentümlichem Aufzug – mit Frack, Pantalons und Zylinder – durch Felder und Wälder streifte, sich unter die Bäume warf und in den blauen Himmel schaute.

Den Sommer dieses Jahres bis Oktober verbrachte Beethoven in Hetzendorf draußen, im sogenannten «Seilernschen Schlößchen».

FRÜHLING 1802

Mit Frühlingsanfang des folgenden Jahres kehrte er jedoch nicht dorthin zurück, sondern suchte sein Domizil in Heiligenstadt, Probusgasse Nr. 6.

Heiligenstadt war zu dieser Zeit noch ein Dörfchen, das, von Rebenhängen umgeben, lieblich in die Landschaft eingebettet lag.

In der Probusgasse hatte Beethoven drei Zimmer, deren Fenster auf die Gartenseite des einstöckigen Häuschens hinausgingen. Nicht weit entfernt grüßte der schlanke Turm des Grinzinger Kirchleins, auf dessen hellen Glockenschlag er oftmals ängstlich

Heiligenstadt, Probusgasse Nr. 6

lauschte, da sich sein Gehör in der unangenehmsten Weise verschlechterte. Wenn auch die Natur ihren sänftigenden Zauber auf ihn ausübte, so wirkte sich doch die furchtbare Aussicht auf eine fortschreitende Taubheit entmutigend auf Beethoven aus. In dieser Zeit tiefster Depressionen entstand das Selbstbekenntnis, das als «Heiligenstädter Testament» bekannt ist. «O ihr Menschen, die ihr mich für feindselig, störrisch oder misanthropisch haltet oder erkläret, wie unrecht tut ihr mir...»

Es waren schwere seelische Krisen, die Beethoven heimsuchten. Dennoch schuf er gerade in diesem Sommer und Herbst verschiedene seiner größten Werke. So die ersten beiden seiner drei Klaviersonaten op. 31 und die beiden Variationswerke op. 34 und op. 35, sicher auch zum Teil die 2. Symphonie in D-dur, die des Meisters ganze, ungebrochene Kraft zeigten.

An schönen Tagen konnte man Beethoven schon vor Tagesanbruch begegnen. Es hielt ihn nicht länger in den engen Räumen – er mußte hinaus in die Natur. Da er Ziererei und übermäßige Eleganz immer mehr verabscheute, war seine Kleidung – wenn nicht gerade unsauber – so doch sehr lässig und einfach. Er trug zumeist einen blauen Frack mit Messingknöpfen, dazu im Sommer helle Pantalons und einen großen Hut – entweder einen Zylinder oder einen großen Filzhut – den er weit aus dem Gesicht setzte, so daß die rückwärtige Krempe in ständige Kollision mit dem sehr hohen Rockkragen geriet. Es konnte nicht ausbleiben, daß sich Rockkragen und Hutkrempe rasch abwetzten und der Kleidung einen abgetragenen, ja schäbigen Eindruck gaben. Das weiße Halstuch, das in langen Zipfeln nach außen stand, war jedoch von tadelloser Weiße, wie überhaupt seine Wäsche als von einwandfreier Beschaffenheit geschildert wird. Neben einem dicken Zimmermanns-Bleistift fanden sich in den stark ausgebeulten Rockschößen des Fracks noch ein Quart-Notennotizheft und ein Oktav-Konversations-Heft.

In diesem Aufzug streifte der Meister durch die Umgebung seiner jeweiligen Sommerfrische, und es war schließlich kein Wunder, wenn er bald in den Verdacht geriet, «seltsam» zu sein und von den schlichten Landleuten und Winzern kaum mehr anders genannt wurde als der «grauperte Musikant». Es mußte ihnen ja unverständlich und sonderbar bleiben, daß er vor sich hinsummte und mit den Armen den Takt schlug, daß er sich unter die Bäume warf, um rasch ein paar Zeilen einer Eingebung niederzuschreiben oder auch nur durch die Zweige in den Himmel zu schauen.

Ebenso ging es mit den Hausleuten. Der unbequeme Mieter wohnte knapp eine Woche in der Probusgasse Nr. 6, da gab es bereits die ersten

Anstände: der Mieter vom Erdgeschoß kam herauf und empörte sich bei Beethovens Dienerin, weil an seiner Decke große feuchte Stellen seien. Wieso das? Wer Beethovens Gewohnheiten kannte, wußte, woher die Flecken kamen. Nach stundenlangem Komponieren pflegte der Erhitzte kurzerhand einen Zuber Wasser zu nehmen und sich daraus wahre Fluten über Kopf und Brust zu gießen. Es war seine Erfrischung nach intensivster Anstrengung, die er notwendig brauchte. Vorsicht ließ er dabei nicht walten, und die Sturzbäche bildeten große Lachen im Zimmer, die langsam durch die Hölzer des Fußbodens rieselten. Da Beethoven auf diese Bäder nicht verzichten konnte, blieb es dabei: die Decke war feucht, und man war mit der unteren Mietpartei «zerkriegt».

Hinzu kam, daß der Meister keine festen Arbeitsstunden kannte. Wenn seine Eingebungen kamen, setzte er sich an das Klavier und begann laut und dröhnend darauf zu spielen. Das konnte stundenlang gehen, und es war Beethoven gleich, ob es eben Mitternacht geschlagen hatte oder die Sonne aufging. Nicht gleich aber war es den Mitbewohnern im Haus: sie wollten ihre Nachtruhe durchaus nicht aufgeben wegen des «grauperten» Mieters. Also gab es erneute Klagen und Differenzen. Das Ende sah so aus, daß Beethoven eine Besserung des Zustandes gelobte, die er dann doch nicht einhalten konnte – ganz einfach, weil es nicht in seiner Macht stand.

HERBST 1802

Ende Oktober 1802 kehrte Beethoven nach Wien zurück, wo er für kurze Zeit im 4. Stock am Petersplatz Logis fand. Dort unterrichtete er den Sohn seines ehemaligen Lehrers, des Komponisten Emanuel Alois Förster, der im gleichen Hause wohnte.

Der kleine Förster war eben 6 Jahre alt, und es blieb ihm zeitlebens unvergeßlich, wie er schon in der Frühe um 6 Uhr die Stufen zu Beethovens Wohnung hinaufsteigen mußte, um seine Lektion zu bekommen. Außerdem war der Lehrer recht streng mit dem Kind: er duldete keine Fehler und schlug mit einer stählernen Stricknadel einmal so kräftig auf die kleinen Finger, daß es ein großes Geschrei gab.

Diese schmerzhaften Lektionen blieben zur Freude des Schülers nach einigen Monaten aus, weil Beethoven erneut umzog. Und zwar in das «Rote Haus» an der Alserkaserne in der Alservorstadt zu seinem Jugendfreund Stephan von Breuning, mit dem er auch die Mahlzeiten einnahm. Obwohl Beethoven hier alle Annehmlichkeiten genoß, hielt es ihn doch nicht länger bei Breuning als drei Monate. Eine neue, eigene Wohnung lockte – und zwar im Theatergebäude an der Wien, Laimgrube Nr. 26 – heute VI. Bezirk, Linke Wienzeile 6. Die Theaterdirektion hatte sie ihm unentgeltlich zur Verfügung gestellt, damit die Arbeit am «Fidelio» hier frei, ohne kommerzielle Sorgen um Miete und widerspenstige Hausherrn, vonstatten gehen könne.

Diese Wohnung behagte Beethoven von Anfang an nicht. Sie lag mit allen Räumen auf der Hofseite und hatte daher die schöne Aussicht nicht, die er vor allen anderen Vorzügen von einer Wohnung verlangte. So war es ihm nur willkommen, als er mit den ersten warmen Tagen des Jahres 1803 nach Ober-Döbling hinausziehen konnte.

SOMMER 1803

«Meine Wohnung ist in Ober-Döbling Nr. 4 der Straße links», läßt Beethoven einen Freund wissen. Es war der sogenannte «Bieder-Hof» – ein einfaches, in den Weinbergen gelegenes, ebenerdiges Häuschen, an das sich ein langer, schmaler Weingarten anschloß. Beethoven hatte hier vier Räume bezogen: vom Flur trat man in die Küche ein, gelangte dann in zwei größere Zimmer und anschließend in das Schlafgemach.

Im «Biederhof» schuf Beethoven den größten Teil der «Eroica» – seiner 3. Symphonie in Es-dur, die er schon seit dem Jahre 1798 in Fragmenten mit sich herumtrug. Als er sie in diesem Sommer vollendet hatte, widmete er sie Napoleon, dessen idealistisch-freiheitliche Gesinnung in vielem an die seine anklang. Wir kennen jedoch Beethovens Reaktion auf Napoleons Proklamierung zum Kaiser. Er zerriß das Widmungsblatt mit den Worten: «Ist er auch nicht anders wie ein gewöhnlicher Mensch! Nun wird er auch alle Menschenrechte mit Füßen treten, nur seinem Ehrgeiz frönen. Er wird sich nun höher als alle anderen stellen, ein Tyrann werden.»

In Ober-Döbling lebte Beethoven gesellig. Vor allem nahm er teil an den Nacht-Musiken, die regelmäßig stattfanden. Den Abschluß bildete meist ein Mahl im Gasthaus «Zum Hirschen», bei dem er selten fehlte.

HERBST 1803

Mit Eintritt des Herbstes kehrte er in seine Dienstwohnung im Theatergebäude an der Wien zurück. War er hier auch frei von allen Mietzins-Sorgen, so drückte ihn doch die düstere Atmosphäre nieder. Schmerzlich entbehrte er die Aussicht über das Glacis oder auch nur auf die Straße. Wenn er vom Pult aufstand und ans Fenster trat, gähnte ihn die öde Leere des engen Hofes an.

Außerdem war sein Befinden durchaus nicht gut; er hatte wieder häufig unter Koliken zu leiden. Auch die Lebertätigkeit schien gestört. So folgte er denn gern der erneuten Einladung seines Jugendfreundes Stephan von Breuning – des «guten, edlen Steffen», wie er ihn nannte – in das Rote Haus an der Alserkaserne. Er fand hier nicht nur Logis, sondern auch Kost und Betreuung; und Breuning hielt unter Hintanstellung seiner eigenen Person dem Freund alle elementaren Dinge fern.

Beethoven brauchte gerade in dieser Zeit uneigennützigen Beistand so nötig. Die Abnahme seines Gehörs machte sich erschreckend bemerkbar, und zwangsläufig nahmen Verschlossenheit und Mißtrauen gegenüber den Menschen zu. Eine fieberhafte Erkrankung machte ihn viele Wochen hindurch bettlägerig, so daß Breuning an den gemeinsamen Freund, Franz Gerhard Wegeler, schrieb: «... Kaum bei mir, verfiel Beethoven in eine heftige, am Rande der Gefahr vorübergehende Krankheit, die zuletzt in ein anhaltendes Wechselfieber überging. Besorgnis und Pflege haben mich da ziemlich mitgenommen ...»

FRÜHJAHR 1804

Breuning pflegte den Freund wahrhaft aufopfernd, bis er so weit hergestellt war, daß er – im Frühjahr 1804 – mit neuen Kräften auf sein geliebtes Land ziehen konnte. Dieses Mal hatte er gleich zwei Sommerwohnungen – und zwar eine in Baden, eine in Döbling. Den ganzen Monat Juli verbrachte er in Baden – es ist jedoch nicht bekannt geworden, wo er dort wohnte.

Da sehr viel Kurbetrieb in Baden war, fühlte Beethoven sich gestört, was aus einem Brief an seinen Schüler Ferdinand Ries hervorgeht, in dem es heißt: «... Wir haben schlechtes Wetter hier und ich bin vor den Menschen hier nicht sicher: ich muß mich flüchten, um einsam sein zu können... Jetzt bitte ich Sie, lieber Ries, gleich nach Empfang dieses Briefes zu meinem Bruder, dem Apotheker, zu gehen, und ihm zu sagen, daß ich in einigen Tagen schon Baden verlasse und daß er das Quartier in Döbling gleich, nachdem Sie es ihm angekündigt, miethen soll. Fast wäre ich schon heute gekommen. – Treiben Sie um Himmels willen, daß er es gleich miethet, weil ich gleich allda in Döbling hausen will...»

Wie man sieht, pressierte es dem Unruhigen wieder einmal über alle Maßen, das Quartier zu wechseln. Daß es ihm dennoch in Baden und seiner Umgebung gut gefiel, davon zeugt ein Ausspruch während eines Spazierganges: «... Hier sitze ich oft stundenlang und meine Sinne schwelgen in dem Anblick der empfangenden und gebärenden Kinder der Natur. Hier verhüllt mir die majestätische Sonne kein von Menschenhänden gemachtes Dreckdach, der blaue Himmel ist mein sublimes Dach...»

HERBST UND WINTER 1804

Im Herbst sollte Beethoven endlich widerfahren, was längst sein sehnlichster Wunsch gewesen war: es fand sich eine ideale Wohnung, die ihm in Zukunft immer offenstand. Eine Wohnung, in der er sich wohlfühlte, mit einem Hausherrn, der hochherzig und gebildet war – wahrlich eine Rarität! Sein Schüler Ferdinand Ries hatte ihn auf diese Wohnung aufmerksam gemacht, da er Beethovens Vorliebe für die Bastei kannte.

So zog er denn Mitte Oktober 1804 in das sogenannte «Pasqualatische» Haus auf der Mölkerbastei Nr. 8 in den vierten Stock. Von hier genoß er eine prächtige Aussicht auf die Vorstädte, über das die Stadt umgebende Glacis und das weite Land; ja, er konnte bis zur Bergkette des Wienerwaldes hinaussehen.

Der Baron Pasqualati, der in Wien eine Wechselstube unterhielt, war selbst ein großer Musikfreund und zugleich ein Verehrer Beethovens. Das Haus war vierstöckig und herrschaftlich – es überragte die Häuser der Umgebung weit. Beethovens Wohnung lag direkt neben der Hauptmauer. Aus dieser Tatsache entwickelte sich der einzige nennenswerte Streit, den es in all' den Jahren zwischen dem Mieter und seinem Hausherrn gegeben hat: da nämlich das angrenzende Gebäude nur zwei Stock hoch war, blieb die Hauptmauer somit frei. Beethoven überlegte nicht lange, sondern bestellte einen Maurer, um in diese Mauer einen Durchbruch und ein Fenster machen zu lassen. Er hatte sich in den Kopf gesetzt, auch die Aussicht ganz nach rechts über den Prater zu genießen und das Zimmer mit zwei Fenstern auszustatten.

Das Pasqualatische Haus, Mölkerbastei Nr. 8

Durch das Eingreifen des Hausmeisters wurde aus diesem Plan nichts. Beethoven mußte den Maurer entlassen und kündigte daraufhin – erzürnt über die vermeintliche Ungefälligkeit des Barons – sofort die Wohnung. Er hatte ja schließlich noch die Dienstwohnung im Theater an der Wien. Sobald sich aber der erste Zorn gelegt hatte, verlangte es ihn doch wieder nach dem Pasqualatischen Tusculum. Er ließ beim Baron anfragen, ob er wieder einziehen dürfe, was dieser hocherfreut genehmigte. Beethoven kam also mit Sack und Pack zurück.

Dieses Spiel wiederholte sich in den folgenden Jahren noch einige Male. Immer waren es die Zerstreutheit und Ungeduld des Mieters, die zu kleinen Mißhelligkeiten führten und ihn zeitweise vertrieben. Doch der Baron sah ihm alles nach und nahm ihn immer wieder auf, sobald sich nur der geringste Ansatz dafür zeigte. Ja, schließlich gab er wohlmeinend seinem Hausmeister die feste Anweisung: «Das Logis wird nicht vermietet; Beethoven kömmt schon wieder.»

FRÜHLING 1805

Doch kehren wir zum Jahr 1805 zurück. Schon der Mai sah Beethoven in Hetzendorf draußen. Die Wohnung ist nicht bekannt geworden. Hier vollendete er den «Fidelio», und zwar in der ersten Fassung, die zu einem Mißerfolg führen sollte.

WINTER 1805–1806

Zum Winter kehrte er in das «Pasqualatische Haus» zurück, wie auch das Adreßbuch der Stadt Wien vom Jahre 1805 Beethovens Anschrift einerseits im Pasqualati-Haus angab – dort lebte er ganz abgesondert und schloß sich zur Arbeit ein –, zum anderen im Theatergebäude an der Wien, wo er seine Besucher empfing.

Daß Beethoven sich von der Welt absonderte, hatte seinen triftigen Grund. Er wäre vor lauter Besuchen nicht zum Komponieren gekommen. Schon in diesen Jahren sprachen viele Fremde bei ihm vor, die seine Musik kannten und liebten und den Meister zu sehen wünschten. Beethoven empfand diese Besuche zum größten Teil als unliebsame Störung. Er gab also seinem Bediensteten strenge Anweisung, niemanden vorzulassen – es sei denn, er melde sich vorher rechtzeitig an. Der Diener hielt sich an das Gebot – und so mancher alte Freund wurde dadurch gekränkt. Viele seiner Verehrer zeigten aber Verständnis für diese Maßnahme – so der Fürst Lichnowsky, der manche Stunde geduldig bei dem Diener im Vorzimmer wartete, bis sich endlich die Tür zum Arbeitszimmer öffnete und der «Fürst der Töne» heraustrat – nicht selten übel gelaunt, wenn er Besuch vorfand.

Dabei war er jedoch gastfreundlich und lud gern zu Tisch ein, wie er es überhaupt vorzog, in Gesellschaft zu speisen. Hatte er jemanden besonders in sein Herz geschlossen, so bat er ihn, am Freitag sein Gast zu sein. Denn da gab es Fische zum Mittagessen, die Beethovens Leibspeise waren. In seiner Naivität setzte er voraus, daß auch der Gast sie liebte, und das Mahl wurde – allein aus seiner herzhaften Eßlust heraus – selbst für Fisch-Gegner zum unvergeßlichen Erlebnis.

Beethovens Mahlzeiten waren einfach. Er äußerte einmal gegen einen Besucher, Louis Schlösser aus Darmstadt: «... Bleiben Sie zum Mittagessen hier; ein glänzendes Dîner kann ich Ihnen zwar nicht anbieten, aber wir werden beide nicht hungrig vom Tische aufstehen – ça suffit.» Dabei war er ein kräftiger Esser, der oftmals Qualität durch Quantität ersetzte, wie zum Beispiel bei der Brotsuppe, die es meist am Fasttag gab. Es mußten ihm dazu auf einem Teller zehn frische Eier serviert werden, die er sorgfältig auf ihren Geruch prüfte, gegen das Licht hielt und erst bei gutem Befund aufschlug, um sie in die Suppe zu rühren. Waren die Eier nicht ganz delikat, so zitierte ein Machtwort die Haushälterin an den Tisch, und es kam nicht selten vor, daß Beethoven so in Zorn geriet, daß die Eier aus dem Fenster oder gegen die Wand flogen. Einmal trafen sie sogar den Rücken der Köchin, die darauf rasch in Deckung ging. Wenn die Wogen sich geglättet hatten, konnte der heikle Haushaltungsvorstand selbst herzhaft über den Vorfall lachen.

Eine weitere Vorliebe hatte Beethoven für Makkaroni mit Parmesankäse. Dieses Leibgericht konnte ihn hoch beglücken – wenn es gelungen war. Doch zu oft verkochten die Nudeln, weil er die Essenszeit über seinen Inspirationen vergaß, auch wohl einen Spaziergang länger ausdehnte. Dann bekam es die arme Köchin kräftig zu spüren, ohne daß sie die eigentliche Schuld traf. Eine Nudel-Geschichte ist uns überliefert worden: Beethoven haßte es, wenn er von der Bedienung in seinen Gesprächen und Gedanken bei Tisch gestört wurde. Daher sollten alle Speisen zu gleicher Zeit vor dem Essen aufgetragen werden. Da sich aber im Gespräch das Tafeln meist sehr lang ausdehnte, wurden die Gerichte kalt und fast ungenießbar. Das wollten nun wiederum die Haushälterinnen nicht auf sich sitzen lassen – weshalb sie immer wieder versuchten, Beethovens Gebot zu umgehen. Der Londoner Harfenfabrikant Johann Andreas Stumpff hat uns eine solche Szene überliefert. Er war bei Beethoven zum Essen und berichtet:

«... Der Wein, der gut und rein war, erweckte die Lebensgeister bei meinem Wirt, der immer die beiden Gläser so recht behaglich füllte und leerte und seinem Gast immer das erste zuschob, und da er ununterbrochen fort sprach, so kamen witzige und drollige Einfälle ans Licht, worüber er oft selber laut auflachte und ich mit klatschenden Händen dieselben bejubelte. – In einem solchen Erguß schlich sich seine mürrische Haushälterin zur Tür herein und setzte eine Schüssel mit Nudeln auf den Tisch, glaubend, sie würde nicht bemerkt werden, als Beethoven plötzlich laut aufschreiend zu ihr sagte: ›Du widerspenstiges Weib, wer hat dir geheißen, das Verbotene zu tun?‹ Er schob die Schüssel ihr mit den rauchenden Nudeln entgegen, die sie mit der Schürze auffing – die Alte, die ihren Herrn kannte, entfernte sich so geschwind wie möglich, und laut aufbrummend verschwand sie...»

Ein besonderer Genuß war für Beethoven Kalbsbraten. Der Musikverleger Moritz Schlesinger erlebte einmal, wie Beethoven sehr aufgebracht ein Gasthaus verließ, weil man dort keinen Kalbsbraten hatte. Er folgte ihm nach Hause und machte ihm seinen Besuch. «Beethoven ließ sich sogleich gehen und sagte mir, er sei der unglücklichste Mensch von der Welt; soeben komme er aus dem Wirtshause, wo er ein Stück Kälbernes, wozu er Lust verspürt, verlangt habe; aber es sei keines dagewesen; – das alles mit sehr ernster, finsterer Miene. Ich tröstete ihn, wir sprachen ... von anderen Dingen, und so hielt er mich wohl zwei Stunden fest... Ihn verlassend, eilte ich in meinem Wagen zurück nach Wien, fragte sogleich meinen Wirtssohn, ob man einen Kalbsbraten fertig habe, und auf dessen Bejahung ließ ich denselben auf eine Schüssel legen, wohl zudecken, und sandte, ohne ein Wort dazu zu schreiben, einen Mann in dem behaltenen Wagen nach Baden, um ihn an Beethoven in meinem Namen zu bringen. Am anderen Morgen lag ich noch im Bette, da kam Beethoven zu mir, küßte und herzte mich und sagte, ich sei der beste Mensch, den er je angetroffen; nie habe ihn etwas so glücklich gemacht als dieses Kälberne in dem Augenblick, wo er sich so sehr danach gesehnt habe.»

An Getränken bevorzugte Beethoven süße Weine, in deren Wahl er nicht immer ganz glücklich war. Zumeist kam der rote Österreichische auf seinen Tisch, weil er eine Abneigung gegen den schweren ungarischen Wein hatte. Im Sommer hielt er sich an Brunnenwasser, das er in Mengen zu sich nahm.

SOMMER 1806

Den Sommer des Jahres 1806 verbrachte der Meister wieder in Baden bei Wien, und zwar im sogenannten Johannesbad. Hier gab er einem seiner liebsten Schüler, dem Bonner Ferdinand Ries, Klavierunterricht. Doch es kam manchmal vor, daß der Meister an solch einem herrlichen Sommertag sagte: «Wir wollen heut nicht Unterricht nehmen; wir wollen lieber zusammen spazieren gehen, der Morgen ist so herrlich.» Dann streiften beide durch die weiten Wälder und freuten sich am reichen Zauber der Natur.

An einem solchen begnadeten Sommermorgen empfing Beethoven die Impulse für das letze Allegro der großen f-Moll-Sonate, der Appassionata, das er noch im Mantel seinem jungen Weggenossen mit glänzenden Augen vorspielte. Aus der innigen Zwiesprache mit der herrlichen Badner Landschaft erwuchsen Beethoven seine machtvollen Einfälle. Er faßte seine Gefühle für die Natur einmal in die Worte: «Ist es doch, als wenn jeder Baum zu mir spräche auf dem Lande: heilig, heilig! – Im Walde Entzücken, wer kann alles ausdrücken! – Süße Stille des Waldes!»

WINTER 1806

Der Winter sah den unruhigen Mieter wieder im Hause des Barons von Pasqualati, wo er – auch ohne das angestrebte Fenster zum Prater hinaus – sehr zufrieden wohnte. Die Dienstwohnung im Theater an der Wien blieb ihm daneben vorbehalten, doch war sie ihm so unlieb wie die Jahre zuvor. Er pflegte nur für die kurzen Stunden hinüberzugehen, in denen er dort Besuche erwartete.

Im Laufe der Zeit gestaltete sich das Verhältnis zwischen Beethoven und dem Baron Pasqualati freundschaftlich. Gern half der erfahrene Finanzmann dem weltfremden «Kind» bei Rechtsstreitigkeiten und dem Erwerb von Wertpapieren, den Beethoven schon damals in bescheidenem Maße anstrebte. Dieses Verhältnis dauerte ungetrübt bis zum Tode Beethovens. Noch auf seinem letzten Lager empfing der Kranke die Gaben des Barons – Champagner, Dunstobst und Gebäck –, ein Labsal, für das Beethoven in einem rührenden Brief dem «verehrten Freunde» innigst dankte.

Die III. Leonoren-Ouvertüre widmete er in Dankbarkeit seinem «Freunde Pascolati» – diesem wohlmeinendsten, nobelsten seiner vielen Hausherrn.

DAS JAHR 1807

Im Frühjahr und Sommer besuchte Beethoven wieder das liebgewordene Baden, wo er auch eine Brunnenkur im Johannesbad unternahm. Wir wissen, daß seine damalige Badener Wohnung sich in der Grabengasse befand; das Haus aber bleibt trotz umfangreicher Forschungen unauffindbar.

Die Kur war gerade 1807 bittere Notwendigkeit. Denn Beethoven hatte sich nicht nur über seine fortschreitende Taubheit zu beklagen, sondern auch über eine hochgradige Kurzsichtigkeit, die ihn bewog, Brillen zu tragen. Zu Freunden und Bekannten klagte er viel über Augenschmerzen, und es war offensichtlich, daß die ewige Nachtarbeit bei flakkerndem Kerzenlicht ihre bösen Folgen zu zeigen begann.

Hinzu kamen dauernde Ärgernisse mit dem Hauspersonal. Nicht umsonst hat Beethoven einmal resigniert festgestellt: «Das Alltägliche erschöpft mich.» Er kam mit dem Alltag und seinen Erfordernissen einfach nicht zurecht. Mehr denn je befand er sich in einem Zustand der Zerstreutheit, der durch das üble körperliche Befinden noch erhöht wurde. So duldete er absolut keine ordnende Hand zwischen seinen Notenstößen – und wie gern hätten ihm seine Freunde und Schüler auch hier geholfen –, war andererseits aber unleidlich, wenn dies und das unauffindbar blieb.

Die Unordnung in Beethovens Hauswesen nahm bizarre Formen an. Besucher schilderten sie als «wahrhaft admirable Konfusion». Bücher und Musikalien waren in alle Ecken verstreut: «dort das Restchen eines kalten Imbisses – hier versiegelte und halbgeleerte Flaschen; dort auf dem Stehpult die flüchtige Skizze eines neuen Werkes – hier die Reste eines Déjeuners – dort auf dem Piano auf bekritzelten Blättern das Material zu einer Symphonie – hier eine auf Erlösung harrende Korrektur – freundschaftliche Geschäftsbriefe den Boden bedeckend – zwischen den Fenstern ein Laib Strachino und erkleckliche Trümmer einer echten Veroneser Salami...» So sahen Zeitgenossen eine Beethovensche Wohnung zu dieser Zeit.

Den Winter 1807 wohnte Beethoven wieder im Pasqualatischen Hause.

FRÜHLING UND SOMMER 1808

Mit dem Anbruch des Frühlings entfloh der Unruhige wieder in die Umgebung. Dieses Mal ging es nach Heiligenstadt hinaus, in das Haus Grinzinger Straße, jetzt Nr. 64, ein einstöckiges Landhaus, das heute unverändert besteht. Es gehörte einem Schneidermeister mit Namen Heger. Dieser Aufenthalt war insofern interessant, als darin außer Beethoven in diesem Jahr auch der 17jährige Franz Grillparzer mit seinen Eltern den Sommer verbrachte.

Beethoven hatte drei Zimmer zur Gasse hinaus,

Heiligenstadt, Grinzinger Straße, jetzt Nr. 64

die Grillparzers wohnten zum Garten hin. Schon mit Sonnenaufgang eilte der Meister in die Natur. Die Wege um Heiligenstadt wurden seine Lieblingswege, so der zum Kahlenberg führende heutige «Beethoven-Gang».

Viele Jahre später vertraute Beethoven seinem getreuen Intimus Schindler an, daß zwischen Heiligenstadt und Grinzing, in einem Wiesental, die «Szene am Bach» aus der Pastorale entstanden sei – «und die Goldammern da oben, die Wachteln, die Nachtigallen und Kuckucke ringsum haben mitkomponiert ...»

Auf die Skizzen der «Pastorale», der VI. Symphonie in F-Dur, schrieb er die denkwürdigen Worte: «... Man überläßt es dem Zuhörer, die Situationen auszufinden. Sinfonia caracteristica – oder eine Erinnerung an das Landleben. Jede Malerei, nachdem sie in die Instrumentalmusik zu weit getrieben – verliert. Sinfonia pastorella. Wer auch nur je eine Idee vom Landleben erhalten, kann sich ohne viele Überschriften selbst denken, was der Autor will. Auch ohne Beschreibung wird man das Ganze, welches mehr Empfindung als Tongemälde erkennen. – Pastoralsymphonie keine Malerei, sondern worin die Empfindungen ausgedrückt sind, welche der Genuß des Landes im Menschen hervorbringt, wobei einige Gefühle des Landlebens geschildert werden ...»

Leider gab es im Hause wieder Ärger. Beethoven, der es haßte, wenn man ihm beim Phantasieren zuhörte, ertappte einmal Frau Grillparzer, wie sie bei geöffneter Küchentür seinem Spiel lauschte. Daraufhin holte er sofort seinen Hut und stürzte fort. Von diesem Tag an berührte er das Klavier nicht mehr. Frau Grillparzer ließ Beethoven durch den

Bediensteten wiederholt sagen, daß sie den gemeinschaftlichen Gang zwischen den beiden Wohnungen nicht mehr benutzen würde, dies auch niemand anderem gestatte, um ihn nicht zu stören. Beethoven blieb gekränkt – und das Klavier stumm, bis zum Spätherbst des Jahres beide Mietparteien sich in die Stadt zurückbegaben.

WINTER 1808

Im Winter 1808 kehrte Beethoven nicht wieder in das Pasqualatische Quartier zurück. Er bezog vielmehr eine Wohnung bei seiner vertrauten Gönnerin, der Gräfin Maria von Erdödy, die er durch die Fürsten Lichnowsky kennen und schätzen gelernt hatte.

Die Gräfin, eine zierliche, liebenswürdige, hochmusikalische Dame, hatte den verehrten Meister schon zuvor auf einige Tage nach ihrem Gut Jedlersee im Marchfeld eingeladen, und beide waren sich auf dem Umweg über die Musik menschlich nahe gekommen. Sie wechselten rührende Briefe, und Beethoven bezeichnete die seelenvolle, 25jährige Gräfin, die drei Kinder hatte, aber seit Jahren schon gelähmt war, als den «Beichtvater meiner Seele».

Das Haus gehörte dem Fürsten Moritz Lichnowsky, der auch den oberen Teil bewohnte. Es lag über dem Schottentor auf der Mölkerbastei Nr. 10. Beethoven bekam darin eine schöne, geräumige Wohnung nach hinten zur Parkseite, während die Gräfin mit ihren Kindern den vorderen Teil innehatte. Aus dieser Hausgemeinschaft entwickelte sich ein heiterer, zwangloser Verkehr, der Beethovens

Herz erwärmte. Die Gräfin ließ ihn frei gewähren – sie paßte ihren Tageslauf ganz dem seinen an. So weilte er denn den Tag über in seinen Gemächern, um zu arbeiten, während der Abend meist die Hausbewohner zu musikalischen Soireen vereinte. An jedem Donnerstag wurde von zwölf Uhr mittags bis gegen Zwei musiziert. Es war das berühmt gewordene Schuppanzigh-Quartett mit den Spielern: Schuppanzigh, Sina, Weiss und Linke, ins Leben gerufen und unterstützt vom russischen Gesandten, Graf Andreas Kyrillowitsch Rasumoffsky, der selbst ein passionierter Geigenspieler war und als großer Anhänger sowohl Haydns wie Beethovens galt.

Auf einer dieser Soireen im Dezember 1808 spielte Beethoven die beiden der Gräfin gewidmeten Trios, Opus 70 in D-Dur und in Es-Dur; er hat ihr auch die Cello-Sonaten in C-Dur und D-Dur op. 102 gewidmet. In diesen unvergänglichen Werken hat er ihr für alle Liebe und Freundschaft gedankt, mit der sie ihn lange Jahre bedachte. In einem Brief an sie drückte Beethoven das aus, was er selbst auf seinem irdischen Weg immer wieder erfahren mußte: «Wir Endliche mit dem unendlichen Geist sind nur zu Leiden und Freuden geboren, und beinahe könnte man sagen, die Ausgezeichneten erhalten durch Leiden Freude ...»

DAS JAHR 1809

Beethoven erfaßte wieder die große Unruhe. Und da die Gräfin auf einige Monate nach Jedlersee hinauszog, machte er sich erneut auf die Wohnungssuche. Am 18. März 1809 konnte er an seinen Freund, den

Baron Gleichenstein, berichten: «Ich habe Wohnung in der Walfischgasse 1087 im zweiten Stock.»

Doch schon nach einem Monat zog er wieder aus. Am 26. April dieses Jahres gab er bekannt, daß sich «... eben eine passende Wohnung» für ihn fand. «Sie ist im Klepperstall ...»

1809 war das stürmische, bewegte Jahr der Belagerung und Besetzung Wiens durch die Franzosen. Bis auf einen ganz kurzen, wohl nur zweiwöchigen Aufenthalt in Baden hat Beethoven die Stadt nicht verlassen, so daß die Werke dieses Jahres – das Klavierkonzert op. 73, die Lebewohl-Sonate op. 81, das Es-Dur-Quartett op. 74, die Klavier-Fantasie op. 77 und die Klaviersonaten op. 78 und 79 in dieser Wohnung im «Klepperstall» – heute Schreyvogel-Gasse – enstanden sind.

FRÜHJAHR 1810

Obwohl die beiden Häuser nicht mehr bestehen, es also nicht möglich ist, Vergleiche zwischen ihnen anzustellen, dürfte Beethovens reumütige Rückkehr in das Pasqualatische Haus zu Anfang 1810 dahin zu werten sein, daß die Wohnung im Klepperstall ihm nicht gefiel. Er schrieb am 8. Februar 1810 an den Mitbesitzer des Hauses auf der Mölkerbastei Nr. 8, Peter von Leber, folgende Zeilen: «Da mir der Herr Baron Pascolati (immer noch wußte er den richtigen Namen des Hausherrn nicht!) gesagt, daß ich die Wohnung in seinem Hause im 4. Stock, welche ich vor zwei Jahren bewohnt habe, wieder besitzen könne, so bitte ich Euer Hochwg. mich deswegen als ihr Miets(verhältnis) zu betrachten ..., d.h. von künftigen Georgi an für jährlich 500 fl., die Zeit ist heute zu kurz, sonst würde ich auch das Drangeld gerne entrichtet haben, welches ich mir dieser Täge vorbehalte...»

In dieser Wohnung besuchte Bettina von Brentano Beethoven. Sie schrieb darüber am 28. Mai 1810 an Goethe: «Es ist Beethoven, von dem ich Dir jetzt sprechen will... Er hat drei Wohnungen, in denen er abwechselnd sich versteckt, eine auf dem Lande, eine in der Stadt und die dritte auf der Bastei; da fand ich ihn im dritten Stock...»

Bettina, die empfindsame 25jährige Frau, sah das, was anderen Besuchern wohl nur von fern auffiel: daß Beethovens Wohnung ausgesprochen ärmlich anmutete. Sie hat es nicht wörtlich ausgesprochen – doch geht dieser Eindruck aus ihren Äußerungen hervor: «... Seine Wohnung ist ganz merkwürdig: im ersten Zimmer zwei bis drei Flügel, alle ohne Beine auf der Erde liegend, Koffer, worin seine Sachen, ein Stuhl mit drei Beinen; im zweiten Zimmer sein Bett, welches winters wie sommers aus einem Strohsack und dünner Decke besteht, ein Waschbecken auf einem Tannentisch, die Nachtkleider liegen auf dem Boden...»

Vom Mai des Jahres 1810 ab wandte Beethoven sich wieder nach Baden. Ganz im Gegensatz zu früheren Jahren, als ihn das laute Treiben der sommerlichen Gesellschaft dort gestört hatte, und er ausrief: «Ich muß mich flüchten, um einsam sein zu können», schien ihn die gesellige Betriebsamkeit dieses weitbekannten Kurbades jetzt geradezu anzuziehen. Er nahm wieder Wohnung im Johannesbad, trank auch dort den Brunnen. Da sich aber sein Befinden – er litt jetzt häufig unter rheumatischen Beschwerden – nicht nachhaltig besserte, beschloß

Beethoven, dem Rat seiner Freunde zu folgen und den kommenden Sommer nach Teplitz und Franzensbad zu gehen.

DIE JAHRE 1811–12

Also reiste er im Sommer 1811 nach Teplitz, wo er dem Dichter Varnhagen van Ense und dessen Frau Rahel begegnete. Erst im Sommer 1812 fand das längst von beiden Seiten gewünschte Zusammentreffen Goethe-Beethoven in Teplitz statt. Der Geheimrat schrieb am 19. Juli 1812 die bemerkenswerte Charakterisierung Beethovens an seine Frau Christiane: «Zusammengefaßter, energischer, inniger habe ich noch keinen Künstler gesehen. Ich begreife recht gut, wie er gegen die Welt wunderlich stehen muß.»

DIE JAHRE 1812–13

Nach dieser Abwesenheit von Wien kehrte Beethoven um so lieber wieder in die Wahlheimat zurück. Doch bewahrheitete sich das Wiener Bonmot jener Zeit, daß der Meister mindestens alle 6 Monate das Quartier wechseln müsse und alle 6 Wochen die Dienstboten. Beethoven zog wieder einmal um. Dieses Mal blieb er allerdings in allernächster Nähe des Pasqualatischen Hauses: er mietete eine Wohnung im nahegelegenen Anwesen, dem sogenannten «Bartenstein-Haus», Mölkerbastei Nr. 94, wo er den Winter 1813/1814 und den darauf folgenden zubrachte.

Es scheint jedoch, als hätte Beethoven neben dieser Wohnung doch noch die andere im Pasqualati-Haus beibehalten. Das geht aus den Berichten seiner Zeitgenossen Ignaz Moscheles und Anton Schindler hervor. Moscheles schreibt 1813: «... Als ich früh zu Beethoven kam, lag er noch im Bette; er war heute besonders lustig, sprang gleich heraus und stellte sich, so wie er war, ans Fenster, das auf die Schottenbastei ging...» Sein Intimus Schindler erwähnt Ende März 1814 – als Beethoven weder das Quartier gewechselt hatte, noch aufs Land verzogen war – daß er «klopfenden Herzens zu seinem ersten Besuch bei dem verehrten Meister die vier Treppen im Pasqualatischen Hause hinaufstieg und sogleich durch den schneidernden Bedienten zu dem am Schreibtisch sitzenden Meister geführt wurde.»

SOMMER 1813

Im Sommer 1813 konnte Beethoven sich endlich wieder an der Natur im Badener Land erfreuen. Sein Schüler und großmütiger Freund, Erzherzog Rudolf, hatte für ihn schon Quartier gemacht. So ließ Beethoven voller Dankbarkeit den hohen Gönner am 27. Mai 1813 wissen, daß er in Baden eingetroffen sei, «... wo es zwar noch sehr leer an Menschen ist. Aber desto voller angefüllter und in Überfluß und hinreißender Schönheit pranget die Natur.»

Die geräumige Sommerwohnung im Badner «Sauerhof», dem Empirebau des Wiener Architekten Josef Kornhäusel, von einem großen Park umgeben am rechten Ufer der Schwechat liegend, besteht noch heute – sie entsprach anscheinend ganz den

Wünschen des anspruchsvollen Mieters. Da sich im Hause sowohl das Kurbad als auch die Gastwirtschaft befanden, bot diese Behausung ihm wirklich jede Bequemlichkeit.

Feste Stunden am Tag trieb er mit seinem hohen Schüler musiktheoretische Studien, während er sich die restliche Zeit mit seiner neuesten Komposition befaßte: der heute vergessenen Symphonie «Wellingtons Sieg oder die Schlacht bei Vittoria», Werk 91, die er auf Anregung des k. k. Hofmechanikers Mälzel schrieb – desselben, der später seine diversen Hörrohre konstruierte und durch die Erfindung des Metronoms bekannt wurde.

WINTER 1814–15

Während des Winters 1814/1815 finden wir Beethoven noch einmal im Bartenstein-Haus, Mölkerbastei Nr. 94. Leider machte er sich wieder unbeliebt: die Streitigkeiten mit den Bediensteten nahmen eher zu als ab. Seine Konfusion spielte ihm oft die bösesten Streiche.

Einmal hatte Beethovens Köchin Mariandel drei indianische Hühner gekauft, von welchen alle Sonntag eines auf den Tisch kam. Am vierten Sonntag schaffte Beethoven allen Ernstes der Köchin an, nunmehr den dritten Indian zu braten. Und er war kaum davon zu überzeugen, daß alle längst verspeist waren. Kein Wunder also, wenn die Dienstboten störrisch wurden und Beethoven solche Episteln an seine Freundin Nanette Streicher richten mußte wie diese: «Was die B(aberl) betrifft, so geht sie Montag in der Früh, zu Mittag kann also die andere oder

Nachmittags gegen 2 oder 3 Uhr, wie Sie am besten glauben, einstehen... Übrigens habe ich guten Grund zu glauben, daß die N. oder die andere ihre Spionereyen in ihrem Haus fortsetzt. – Vorgestern Abend fing die N. an mich auf ihre allem Mistvolk eigene Art des Läutens wegen aufzuziehen, sie wußte also schon, daß ich ihnen davon geschrieben; gestern Morgen gingen die Teufeleyen wieder an, ich machte kurzen Spaß und warf der B. meinen schweren Sessel am Bette auf den Leib, dafür hatte ich den ganzen Tag ruhe, immer nehmen sie Rache an mir, so oft sie eine Korrespondenz verrichten oder sonst etwas bemerken zwischen uns...»

Abgesehen von solchen Zwischenfällen verlief der Tag Beethovens planvoll und ruhig. Zu jeder Jahreszeit stand er mit Tagesanbruch auf, um sogleich an seinen Schreibtisch zu gehen. Zum Frühstück bereitete er sich einen Kaffee in einer Glasmaschine selbst. Für jede Tasse rechnete er genau sechzig Bohnen – er ließ sich auch in Anwesenheit von Gästen nicht abhalten, diese Menge abzuzählen. Dann arbeitete er etwa bis zwei oder drei Uhr weiter. Um diese Zeit mußte das Mittagessen auf dem Tisch stehen. Es kam auch vor, daß die Unruhe ihn packte und er noch vor dem Essen auf ein bis zwei Stunden ins Freie eilte – im Winter über das Glacis, über den Wiener Linienwall, nach Hernals, Ottakring, vielleicht auch einmal bis nach Schönbrunn – im Sommer in die Natur, doch immer dabei in seine geistige Arbeit vertieft, meditierend oder komponierend. Diese geistige Anspannung verließ ihn in keiner Umgebung; ja, es schien, als mache sie ihn unempfindlich für Sonne und Hitze, Regen und Sturm.

In seiner Zerstreutheit, die doch nur daraus resultierte, daß er innerlich beschäftigt war und auf alles von außen Kommende nicht achtete, passierte es gelegentlich, daß er seinen Hut verlor, ihn irgendwo achtlos liegen ließ – unter einem Baum, an dem er gelagert, in einem Gasthaus oder wo immer – und daß er bei Unwetter triefend naß zu Hause anlangte. Auch machte er sich nichts daraus, an heißen Tagen im Freien den Frack auszuziehen und über einen Stecken zu hängen, den er auf die Schulter schwang.

Nach dem Essen arbeitete Beethoven oder ging wieder aus. Seine Spaziergänge endeten meist zu späterer Stunde in einem der Bierhäuser, in denen man Beethoven kannte. Es waren dies das Gasthaus zum «Roten Hahn», auf der Hauptstraße Nr. 40 und «Die goldene Birne», Hauptstraße Nr. 31. Er betrat sie selten anders als durch den Hintereingang. Oft saß er auch in einem Caféhaus und las die Tageszeitungen, von denen er die Augsburger Allgemeine bevorzugte.

Die Winterabende verbrachte Beethoven gewöhnlich zu Hause; sie waren wieder seinen Werken gewidmet, wie auch der ernsten Lektüre. Gewöhnlich ging er gegen 10 Uhr schlafen; wenn jedoch größere Arbeiten ihn gefangen hielten, wie etwa die Missa solemnis oder Symphonien, so wurde es auch Mitternacht. Mit zunehmendem Alter mied Beethoven wegen der heftigen Augenschmerzen ängstlich jede Überanstrengung und schrieb nach Eintritt der Dunkelheit überhaupt keine Noten mehr.

Gern setzte Beethoven sich, wenn es zu dämmern begann, an den Flügel, um zu phantasieren. Er griff auch wohl zur Geige, die immer griffbereit darauf lag. Vor Fremden spielte er jedoch nur ungern. Da er ihre unausgesprochenen Wünsche in dieser Hinsicht kannte, erlaubte er sich oft den Scherz, ein paar

Akkorde im Stehen zu greifen und dann lachend vom Instrument fortzugehen. Einen Besucher, der ohne sein Wissen im Vorzimmer wartete, fuhr er einmal unwirsch an: «Ich wünsche nicht, daß mir irgend jemand zuhört.» Doch als er die Wirkung seiner Worte gewahr wurde, begrüßte er ihn um so freundlicher. Es tat ihm sogleich wieder leid.

Überhaupt lagen Mißtrauen und größte Vertrauensseligkeit bei Beethoven dicht nebeneinander. Dem Komponisten Himmel aus Berlin, der ihm einst den Bären aufband, man habe dort eine «Laterne für Blinde» erfunden, wurde er nie mehr gut, als er merkte, daß dieser ihn gefoppt hatte. Im übrigen aber wußte Beethoven sehr wohl um seine Schwächen. Und was seine Reizbarkeit und das allzu explosive Naturell verschuldeten, das machte er vielfältig wieder gut.

Beispiele hierfür gibt es genug in seinem Leben. Wir brauchen uns nur die beiden Briefe zu vergegenwärtigen, die er im Jahre 1799 binnen zwei Tagen an den Komponisten Hummel richtete. Im ersten heißt es: «Komme er nicht mehr zu mir! Er ist ein falscher Hund und falsche Hunde hole der Schinder!» Numero zwei lautet: «Hertzens Nazerl! Du bist ein ehrlicher Kerl und hattest Recht, das sehe ich ein; komm also diesen Nachmittag zu mir, Du findest auch den Schuppanzigh, und wir beide wollen Dich rüffeln und schütteln, daß Du Deine Freude haben sollst. Dich küßt Dein Beethoven.»

Es war wohl so: Beethovens Leichtgläubigkeit kam aus seinem Wesen, sein Mißtrauen aber aus der Erfahrung. Die beiden lagen oft im Widerstreit, doch am Ende siegten das gute Herz und die Unbestechlichkeit sich selbst gegenüber. Nicht umsonst schreibt ja Beethoven: «hattest Recht, das sehe ich ein.» Genau, wie er oft sagte – und es auch meinte: «Ich vergesse lieber, was ich mir selber schulde, als was ich andern schuldig bin.»

FRÜHLING 1815

Der Frühling 1815 sah Beethoven wieder draußen in Baden. Er kehrte erneut im Johannesbade ein. Wie in den anderen Jahren führten ihn seine Ausflüge in das liebliche Helenental, in dem noch heute jeder Weg und Steg an ihn erinnern. Seiner Freundin Therese von Malfatti schrieb er schwärmerisch: «... Wie froh bin ich, einmal in Gebüschen, Wäldern, unter Bäumen, Kräutern, Felsen wandeln zu können. Kein Mensch kann das Land so lieben wie ich. Geben doch Wälder, Bäume, Felsen den Widerhall, den der Mensch wünscht...»

Daß Beethoven sich in diesem Jahr länger als sonst der Natur erfreuen konnte, verdankte er einer alten, guten Freundin, die inzwischen in Wien für ihn Quartier gemacht hatte, Frau Nanette Streicher, der Gattin des Musikers Andreas Streicher. Mit dem Ehepaar verband Beethoven seit 1812 eine herzliche Freundschaft. In ihrem Haus an der Wiener Ungargasse Nr. 46 ging er ein und aus, hier wurde musiziert, und viele Klavier- und Kammermusikwerke Beethovens gelangten im Musik-Salon der Streichers – von einer Schar begabter Dilettanten gespielt – zur Aufführung.

Da Beethoven in das Bartenstein-Haus nicht zurückzukehren wünschte, hatte Nanette Streicher ihm im Gräflich Lambertischen Haus auf der Seilerstätte eine Wohnung gegen einen jährlichen Zins von 1100 fl. «aufgesprochen». Zwar war das Haus selbst «elend», wie der Zeitgenosse und Arzt, Dr. Karl von Bursy, nach einem Besuch vermerkte; doch die Wohnung selbst war freundlich, sah nach der grünen Bastei hinaus, die Beethoven so liebte, und war mit Hilfe von Frau Streicher ziemlich ordentlich und sauber hergerichtet.

Neben einem kleineren Vorzimmer, in das man vom Flur aus eintrat, befand sich das Schlafkabinett, auf dessen anderer Seite ein Musikzimmer. An Einrichtungsgegenständen erwähnt Dr. Bursy nur einen Flügel und zwei gute Ölporträts – ein männliches und ein weibliches. Nach allem, was er vorher über die Konfusion im Beethoven'schen Haushalt gehört hatte, schien es ihm bemerkenswert, daß er Noten nur wenige sah – einzig einige «Flick Notenpapier» auf dem Schreibtisch.

Interessant mag in diesem Zusammenhang sein, daß dieses Anwesen aus zwei Häusern errichtet war und daher die Doppelnummer 1055/1056 führte. Bursy beklagte sich nämlich in seiner Aufzeichnung darüber, daß sowohl ein gewisser Riedl wie auch die Madame Streicher ihm die Wohnung falsch angegeben hätten – und zwar «Auf der Seilerstadt Nr. 1055», und es wäre doch in der Tat Nr. 1056.

Den Winter 1815 auf 1816 verbrachte Beethoven hier. Es war die Zeit, in der seine Taubheit rapide voranschritt und er sich der von Mälzel konstruierten Hörrohre bediente. Die Zeit auch, in der er folgenden Eintrag in sein Tagebuch vornahm: «Alles, was Leben heißt, sey der Erhabenen geopfert und ein Heiligtum der Kunst, laß mich leben, sey es auch mit Hilfsmitteln, wenn sich nur finden – – –.

Die Ohrenmaschinen womöglich zur Reife bringen, alsdann reisen – dieses bist du dir, den Menschen und ihm dem Allmächtigen schuldig, nur so kannst du noch einmal alles entwickeln, was in dir verschlossen bleiben muß – – – und ein kleiner Hof – – – eine kleine Kapelle – – – von mir in ihr der Gesang geschrieben, angeführt, zur Ehre des Allmächtigen – des Ewigen, Unendlichen – – – So mögen die letzten Tage verfließen.»

Aus diesen Worten spricht mehr als bloß Ergebung in das Schicksal; sie kommen aus dem Wissen des Genius um das Große, Edle, das er den Menschen zu vermitteln hat. Es klingen aber auch schon Gedanken an, die sich mit dem einmaligen Werk «zur Ehre des Allmächtigen» befassen – mit der Missa solemnis, die Beethoven einige Jahre darauf geschaffen hat.

Die Trübsal seiner Gedanken rührte aber auch vom plötzlichen Tode seines Bruders Karl her, der im November starb und ihm – in banger Sorge um die Zukunft seiner Familie – durch seinen letzten Willen die Vormundschaft über seinen einzigen Sohn Karl übertrug. Beethoven nahm sie als heiliges Vermächtnis an. Er konnte nicht ahnen, welche Bürde ihm damit aufgeladen wurde. Aber selbst wenn er es gewußt hätte – sein Entschluß hätte sich nicht geändert. Da ihm eigene Nachkommen versagt waren, drängte es ihn, seine ganze Liebe, ja sein ganzes, einsames Herz diesem angenommenen Sohn zu öffnen und hinzugeben.

Mit der ihm eigenen Treue und Beharrlichkeit erreichte Beethoven nach langem, zermürbendem Prozeß, daß er den Neffen aus dem für die Erziehung eines Kindes wenig geeigneten Einfluß der als leichtfertig bekannten Mutter lösen konnte. Schon im Februar 1816 brachte er ihn in eines der besten Wiener Institute, zu Kajetan Giannatasio del Rio. Er führte lange Gespräche mit diesem und richtete alles gewissenhaft ein. Erst als der liebevolle Oheim die Gewißheit haben durfte, daß der Knabe gut aufgehoben war, dachte er daran, sich ein Sommerquartier zu suchen. Er fand es wieder in Baden – im Gräflich Ossolinskyschen Hause des Badischen Vorortes Weikersdorf – dem jetzigen Schloß Braiten, Braitnerstraße Nr. 26.

Sobald Beethoven ein wenig eingerichtet war, lud er den Kajetan, dessen beide Töchter Fanny und Nanni und seinen Neffen nach hier ein. Die fünf

Baden-Weikersdorf, Gräflich Ossolinskysches Haus

Menschen verlebten frohe Tage miteinander, und Beethoven quartierte sogar alle zur Nacht bei sich ein, was ihm sicher einiges Kopfzerbrechen verursacht hat. Allerdings wurden die Gäste unfreiwillige Zeugen eines Auftrittes zwischen ihrem Gastgeber und seinem Diener. Fanny Giannatasio berichtet darüber: «Des Morgens brachte uns ein sehr prosaischer Lärm aus unserer poetischen Stimmung! Beethoven erschien auch bald mit zerkratztem Gesicht und klagte uns, daß er mit seinem Bedienten, welcher am Austreten war, einen Auftritt gehabt habe. ‹Sehen Sie›, sagte er, ‹so hat er mich zugerichtet.› Er beklagte sich, daß diese Menschen, obwohl sie wüßten, daß er nicht höre, dennoch nichts täten, um sich verständlich zu machen. Der Vorfall war folgender gewesen: dem Diener war auf Beethovens Vorwürfe wegen eines Versäumnisses eine ungebührliche Antwort entschlüpft. Beethoven hatte ihm dafür eine Maulschelle gegeben, der Diener sich dann zur Wehr gesetzt, worauf er von Beethoven unsanft an die Wand geschleudert worden war. Einige Nägelspuren in des Meisters Gesicht bewiesen, daß seine ungewöhnliche Kraft ihn nicht vor den Griffen des Untergebenen zu schützen vermochte...»

WINTER 1816–17

Mit Einbruch der kühlen Jahreszeit siedelte Beethoven in ein Logis im Gasthaus «Römischer Adler» auf der Wiener Freiung – heute I. Bezirk, Renngasse 1 – über. Hier empfing er manchen Besuch, so auch den des englischen Komponisten Cipriani Potter, mit dem ihn bis Frühjahr 1818 eine lose Freundschaft verband. Es war die Zeit, in der Beethoven die große Sonate in B-Dur op. 106 schrieb. Und er äußerte zu Potter auf einem Spaziergang: «Früher wußte ich nicht zu komponieren. Jetzt, denke ich, weiß ich es. Jetzt schreibe ich etwas Besseres.»

FRÜHJAHR 1817

Im Frühjahr nahm Beethoven gleich drei Wohnungen: eine in Mödling, eine in Heiligenstadt und eine in Wien; die letztere auf der Landstraße Nr. 268, im 2. Stock. Er wählte diese Stadtwohnung im Hinblick auf das Institut des Kajetan Giannatasio auf dem Landstraßer Glacis Nr. 426. Er wollte seinem Neffen so nahe wie möglich sein.

Die Heiligenstädter Wohnung besteht heute unverändert. Es ist das Haus am stillen Pfarrplatz Nr. 2; daneben liegt das alte Kirchlein, in dem ein Heiligengrab gezeigt wird. Geschmückt ist das Eckhaus mit dem Standbild des heiligen Florian. Heute befindet sich im Hof des Hauses eine Heurigen-Wirtschaft. So mischen sich Gegenwart und Vergangenheit eng miteinander, und der frohgelaunte Verehrer des Heurigen wird sich erinnern, daß auch der berühmte Bewohner von einst den edlen Tropfen und die Geselligkeit nicht verschmähte.

Doch Beethoven hielt es nur bis Ende Juni in Heiligenstadt. Er veranstaltete wieder einmal einen Umzug – wenn auch nur ein paar Straßen weiter. Er siedelte nach Nußdorf über, das sich heute von Heiligenstadt räumlich nicht mehr scheidet. Beide Orte gehen inzwischen ineinander über.

Es war das schöne, herrschaftliche Haus in der

Nußdorfer Kahlenbergerstraße Nr. 26, das Beethoven zum Aufenthalt erwählte. Die Gassenfront des schlößchenartigen Baues ist reich verziert. Über einige Stufen tritt man in das Haus ein. Zu Beethovens damaliger Wohnung mußte man den viereckigen Innenhof überqueren und eine gewundene Treppe heraufgehen. Die Zimmer im ersten Stock lagen zum Garten hinaus. Es besteht heute alles unverändert.

Von hier aus wanderten viele Briefe an die «barmherzige Samariterin», Frau Nanette Streicher, die in diesen Jahren Beethovens Halt in häuslichen Dingen war. Sie kümmerte sich aufopfernd um seine Wirtschaft, um Kleidung, Wäsche, Küche und Dienstboten. In einem der Briefe heißt es in komischer Verzweiflung: «Verzeihung! Es fehlt Schere, Messer usw. Ich glaube, daß die Lumpen zu schlecht, und besser sei, eine Leinwand zu kaufen. Die Halstücher brauchen eine Flickung. Darüber mündlich wie auch mündlich eben um Nachsicht wieder...» Auch der nächste ist ratlos: «...Ihr Schuster ... möchte mir eine gute Stiefelwichs schicken, die nicht anschmutzt, denn mein ‹Fidelis› (Diener) hat mich mit einer solchen angeschmiert... Wenn Sie mir wollen gütigst nur 25. fl. auf ein paar Tage schicken, das wäre recht schön, ich habe gestern die Schlüssel vergessen zu meinem Kasten, da ich wieder Geld umsetzen wollte. – Wegen dem Wildpret samt Haushälterin wünsche ich was Erkleckliches zu lesen. – Dero sich gut aufführende Tochter sei uns gegrüßt. Tantus quantus lumpus L. v. Beethoven.»

HERBST 1817

Schon mit Ablauf des August zog Beethoven wieder in seine Stadtwohnung zurück. Er wollte sich doch mehr um Karl bekümmern, den er sehr viel im Institut besuchte. Zu seiner Freude hatte Beethoven entdeckt, daß der Neffe musikalisch war. So spielte er denn mit dem Gedanken, ihn eines Tages ganz zu sich zu nehmen und ihm eine gründliche musikalische Ausbildung angedeihen zu lassen. Dieser Gedanke faszinierte den wohlmeinenden Oheim. Seine ganze Haushaltung wollte er darauf abstellen, daß er hinfort jemanden an seinem Tisch hätte. Frau Nanette mußte wieder helfen. Mehr denn je bemühte er sich um das Alltägliche. Und so lesen wir denn mit Rührung in einem Brief aus dieser Zeit: «Die Nanni hat außer ihren 12 kr. Brotgeld auch eine Semmel morgens, ist das mit der Küchenmagd auch der Fall? Eine Semmel macht für ein Jahr 18 fl. –» Ja, Beethoven mußte rechnen, wenn er selbst von seinen Einkünften leben wollte. Nun aber sollte das Geld für zwei reichen. Das verursachte neue Sorgen und Nöte.

FRÜHJAHR 1818

Mit Ablauf des Winters war wieder ein Umzug fällig. Anfang März des Jahres 1818 siedelte Beethoven mit Sack und Pack in die Gärtnergasse Nr. 26 über, wo er jedoch nur einen Monat blieb, obwohl er die Miete für ein halbes Jahr entrichtet hatte. Er wandte sich von dort in die Wiener Landstraße Nr. 244, in das sogenannte «Große Haus der Augustiner». Es war die Zeit, von der Schindler schreibt: «Beethoven forderte mich auf, mich öfters an demselben Orte und zur selben Stunde, 4 Uhr nachmittags einfinden zu wollen, wo er fast täglich zu treffen sey – um Zeitungen zu lesen... Dieser Ort war ein abgelegenes Zimmer in der Bierwirtschaft zum Blumenstock im Ballgäßchen. Ich fand mich recht oft ein, und es dauerte nicht lange, so lernte ich dieses Local gut kennen...»

Der Meister war nun völlig taub geworden. Wenn er bisher immer noch vermittels einer auf dem Flügel angebrachten Maschinerie sein Spiel gehört hatte, so war es jetzt auch damit vorbei. Ins Tagebuch schrieb er die Worte: «... Ertragung – Ergebung – Ergebung, so gewinnen wir noch beim höchsten Elend und machen uns würdig, daß Gott unsere Fehler...» – das Schlußwort blieb in seinem Herzen zurück. Er hat es wohl unter Seufzen für sich ausgesprochen.

Aus der Wohngemeinschaft von Onkel und Neffe wurde nichts. Vielmehr zog ein Institutswechsel Karls den Wohnungswechsel des Onkels nach sich: Beethoven übersiedelte auf das Josefstädter Glacis, in dessen Nähe das «Blöchlingersche Institut» lag, das Karl nun aufnahm. Hier sollte der Neffe die Jahre 1818 bis 1822 verbringen.

Mit dem Institutsleiter, Josef Blöchlinger von Bannholz, und seiner Gattin verband Beethoven bald eine herzliche Freundschaft. Beethoven verkehrte viel im Hause auf dem Josefstädter Glacis, spielte Schach mit Blöchlinger, musizierte mit dessen Familie und tauschte sich über die Fortschritte des Neffen mit dem erfahrenen Pädagogen aus.

Im Frühjahr anno 1818 begab sich Beethoven nach Mödling. Dieser Umzug wurde – da ganz «beethovensch» – denkwürdig! Ignaz Ritter von Seyfried, der Freund und Zeitgenosse Beethovens, hat ihn mit dem nötigen Humor aufgezeichnet:

«Einmal miethete Beethoven sich in die österreichische Schweiz, um den pittoresken Briel recht nach Herzenslust zu genießen. Es wurde also ein vierspänniger Lastwagen mit wenig Mobilien zwar, dagegen aber mit einer ungeheuren Wucht von Musikalien befrachtet; die thurmhohe Maschine setzte sich langsam in Bewegung, und der Besitzer dieser Schätze marschierte seelenvergnügt, per pedes apostolorum voraus. Kaum außerhalb der Linien, zwischen blühenden, vom sanften Zephyr wellenförmig bewegt sich schaukelnder Kornfeldern, unter dem Jubelsang schwirrender Lerchen, die trillernd mit Wonnegenuß des lieblichen Lenzes ersehnte Ankunft feyerten, erwachte schon der Geist; Ideen durchkreuzten sich, wurden angesponnen, geordnet, mit der Bleyfeder notiert – und rein vergessen war nunmehr auch der Wanderung Zweck und Ziel. Die Götter wissen, wo sich unser Meister in der ganzen, langen Zwischenzeit herumgetrieben haben mag; genug, er langte erst mit einbrechender Dämmerung schweißtriefend, staubbedeckt, hungrig, durstig, todmüde in seinem erwählten Domizil an. Aber hilf Himmel! Welch' gräßliches Spektakel wartete dort seiner. Der Fuhrmann hatte eine Schneckenfahrt vollendet, den Patron aber, dem er sich verdungen und welcher ihn auch bereits bezahlt, zwei Stunden vergebens erwartet. Unbekannt mit dessen Nahmen konnte auch keine Nachfrage stattfinden. Der Rossebändiger wollte wenigstens zu Hause schlafen – er machte aber kurzen Prozeß, lud den gesamten Transport frey auf dem Marktplatze ab und retournierte ungesäumt. Beethoven ärgerte sich vorerst tüchtig, dann brach er in schallendes Gelächter aus, dingte nach kurzer Überlegung ein halbes Dutzend gaffender Straßenjungen und hatte vollauf zu tun, um bis zum die Mitternachtsstunde verkündenden Nachtwächterrufe glücklicherweise bey Lunas Silberschein die Kinder seiner Phantasie noch unter Dach und Fach zu bringen...»

SOMMER 1818

Beethoven zog also in das sogenannte «Hafner-Haus», Mödlinger Hauptstraße Nr. 79, das er durch zwei Sommer bewohnen sollte. Die Sommer 1818 und 1819 verbrachte er in diesem hübschen, einstökkigen Haus, dessen Hausherr der Hafnermeister Jakob Duschek war.

Über eine Treppe gelangte man zu Beethovens Wohnung, die sich nach dem Hofe zu, rechts im ersten Stock befand. Sie bestand aus einem großen Wohnzimmer, zwei kleineren Kabinetten und der kleinen Küche. Die Wohnung wird als recht einfach geschildert. Doch die nach Süden gelegene Aussicht und der schöne Blick in den Garten entschädigten für alles.

Gern saß Beethoven draußen in dem sich weit erstreckenden Garten und genoß die Stille der Natur. Am liebsten hätte er sich von allen Menschen abgeschieden, denn die Gedanken an die Missa solemnis hielten ihn gefangen. Dennoch ließ sich nicht jeder Besuch abweisen. Beethoven zeigte sich aber vorsorglich sehr grob und unwirsch, nur um Verehrer und Eindringlinge so viel wie möglich abzuschrekken. Ludwig Cramolini, der spätere Tenor, schildert uns in seinen Erinnerungen eine Szene, die sich damals ereignete und ganz zum Bilde Beethovens paßt. Cramolini wohnte als 15jähriger Jüngling mit seiner Mutter im gleichen Hause wie Beethoven.

«...Eines Tages bekam Beethoven Besuch von einem Grafen Montecuccoli, der sehr musikalisch war und Hoboe mit Virtuosität gespielt haben soll. Beethoven war sehr mürrisch und wollte Montecuccoli nicht empfangen. Dieser ließ sich aber nicht abweisen und ging in das Gärtchen, wo Beethoven saß und zur Magd sehr laut sprach. Montecuccoli redete lange über ein Musikstück Beethovens und sagte, so könne die betreffende Stelle kein Hoboist spielen. Beethoven müsse das ändern. Da erwiderte Beethoven barsch: ‹Sie, Herr Graf, werden es nicht spielen können, aber ein tüchtiger Hoboist sicher, drum rate ich Ihnen, Unterricht zu nehmen, ich habe keine Zeit, Sie länger anzuhören.› Montecuccoli nannte Beethoven einen Flegel, aber so, daß er es nicht hören konnte, und entfernte sich. Da trat meine Mutter, die in einer naheliegenden Laube die ganze Unterhaltung mit angehört hatte, zu Beethoven und sagte: ‹Sie sollten sich schämen, Herr van Beethoven, so vornehmen Besuch anzunehmen und zerrissene Hemdkragen und Manschetten sehen zu lassen, und mit den Leuten so grob zu sein.› Beethoven frug: ‹War ich wirklich mit dem lästigen Schafskopf grob? Das freut mich! Dann wird er mich künftig in Ruhe lassen! Was aber die defekte Wäsche anbelangt, so bitte ich, tun Sie mir den Gefallen und lassen mir ein halbes Dutzend Hemden machen. Ich vergesse immer darauf und meine Schwägerin auch.› Meine Mutter erfüllte seinen Wunsch, und Beethoven sagte, so oft er später eines von den neuen Hemden trug: ‹Nun, Frau von Cramolini, jetzt werden Sie doch mit meiner Toilette zufrieden sein?›»

WINTER 1818–19

Während er den Winter über wieder in der Stadtwohnung «... dem Auerspergischen Palais gegenüber in demselben Hause, wo das Caffeehaus ist am Josefstädter Glacis», hauste, zog er mit Anbruch des Frühlings erneut nach Mödling in das Hafnerhaus.

FRÜHLING 1819

Es war die Zeit, in der die Missa solemnis immer mehr Gestalt annahm. In den Räumen, die wie mittelalterliche Gewölbe einer Kapelle anmuteten, war Beethoven dem lauten Leben entrückt. Schindler, der getreue Freund, berichtet darüber: «Gedenke ich der Erlebnisse aus dem Jahre 1819, vornehmlich der Zeit, als der Tondichter im Hafnerhause zu Mödling mit Ausarbeitung des Credo beschäftigt gewesen, vergegenwärtige ich mir seine geistige Aufgeregtheit, so muß ich gestehen, daß ich niemals vor und niemals nach diesem Zeitpunkte völliger Erden-Entrücktheit wieder Aehnliches an ihm wahrgenommen habe. Es sey gestattet nur eines anzuführen. Gegen Ende August kam ich in Begleitung des Musikers Johann Horzalka in des Meisters Wohnhause zu Mödling an. Es war 4 Uhr Nachmittags. Gleich beim Eintritte vernahmen wir, daß am selben

Morgen Beethoven's beide Dienerinnen davongegangen seyen und daß es nach Mitternacht einen alle Hausbewohner störenden Auftritt gegeben, weil in Folge langen Wartens beide eingeschlafen und die zubereiteten Gerichte ungenießbar geworden. In einem der Wohnzimmer bei verschlossener Thüre hörten wir den Meister über der Fuge zum Credo singen, heulen, stampfen. Nachdem wir dieser nahezu schauerlichen Scene lange schon zugehorcht und uns eben entfernen wollten, öffnete sich die Thür und Beethoven stand vor uns mit verstörten Gesichtszügen, die Beängstigung einflößen konnten ... Seine ersten Aeußerungen waren confuse, als fühle er sich von unserm Behorchen unangenehm überrascht. Alsbald kam er aber auf das Tagesereigniß zu sprechen und äußerte mit merkbarer Fassung: ‹Saubere Wirthschaft, alles ist davon gelaufen und ich habe seit gestern Mittag nichts gegessen.› Ich suchte ihn zu besänftigen und half bei der Toilette. Mein Begleiter aber eilte voraus in die Restauration des Badehauses, um einiges für den ausgehungerten Meister zubereiten zu lassen.»

In solcher Gemütsverfassung lief Beethoven stundenlang durch «die göttliche Briehl». Und wenn er auch in sein Tagebuch in den ersten Mödlinger Tagen geschrieben hatte «Miser et pauper sum», so lichtete sich doch allmählich sein Gemüt. Die Sorgen wichen zurück, und er gewann neue Schöpferkraft. Seine Innigkeit, seine Gottes- und Menschenliebe kehrten in das bedrängte Herz zurück. Und es geschah aus voller Seele, wenn er über das Kyrie der großen Messe schrieb: «Von Herzen kam's, zum Herzen soll es dringen.»

Wieviel diesseitige Lebensfreude Beethoven in sich trug, beweist auch die Begebenheit mit den

«Mödlinger Tänzen». Mitten in der Arbeit an der erhabenen Messe hatte er plötzlich Eingebungen für heitere Melodien. Es entstanden die «Mödlinger Tänze», die wie ein lebensfroher Dank für alle Schönheit dieser Landschaft anmuten. Sie waren aber gedacht für eine Handvoll Musikanten – lauter muntere rheinische Gesellen –, die in der Mödlinger Wirtschaft «Zu den drei Raben» in der Vorderbrühl zum Tanz aufspielten. Beethoven kehrte oft nach seinen Wanderungen hier ein und nahm eine Erfrischung. Man lernte sich gegenseitig kennen und fand Gefallen aneinander. Und da die Musikanten den Meister immer wieder mit der Bitte um Ländler und andere Tänze bestürmten, ließ er sich endlich erweichen. Beethoven hat – wie er sagte – die Stücke so eingerichtet, daß immer einer der Musiker zur Zeit das Instrument ablegen, ausruhen oder gar schlafen könne. Er kannte die Kümmernisse der Musiker, und die Mödlinger Tänze sind dafür ein Zeugnis.

In Mödling empfing Beethoven auch den Besuch Karl Friedrich Zelters, des Vertrauten von Goethe, der darüber an den Geheimrat schrieb: «Vorgestern habe ich Beethoven in Mödling besuchen wollen. Er wollte nach Wien, und so begegneten wir uns auf der Landstraße, stiegen aus, umarmten uns aufs herzlichste. Der Unglückliche ist so gut als taub, und ich habe kaum die Tränen verhalten können...»

Neben den Sorgen um seinen Neffen, dessen Mutter ihm immer wieder die Vormundschaft streitig machte, rangierte die um sein Hauswesen an erster Stelle. Wir kennen die Begebenheit mit dem Kyrie-Manuskript, das zu Beethovens Bestürzung einige Zeit spurlos verschwunden war und sich nach langem, verzweifeltem Suchen als Einwickelpapier in der Küche fand! Die Köchin hatte Butter und Käse darin eingeschlagen, in der Meinung, es werde nicht mehr benötigt. Beethovens ganzer Zorn traf sie. Er kündigte ihr sofort auf. So hatte denn die Liste über den Personalwechsel vom April bis Dezember des Jahres 1820 ein jämmerliches Aussehen:

Am 17. April die Küchenmagd eingetreten
Am 16. Mai dem Küchenmädchen aufgesagt
Am 19. Mai die Küchenmagd ausgetreten
Am 30. Mai die Frau eingetreten
Am 1. Juli die Küchenmagd eingetreten
Am 28. Juli abends ist die Küchenmagd entflohen
Am 30. Juli ist die Frau von Unter-Döbling eingetreten
Die 4 bösen Tage, 10., 11., 12., 13. August in Lerchenfeld gegessen
Am 28. der Monat von der Frau aus
Am 6. September ist das Mädchen eingetreten
Am 22. October das Mädchen ausgetreten
Am 12. December das Küchenmädchen eingetreten.

Hierher gehört auch die Schilderung Grillparzers, der mit Schindler zusammen einen Besuch bei Beethoven machte und ihn «...in schmutzigen Nachtkleidern auf einem zerstörten Bette liegend fand, ein Buch in der Hand. Zu Häupten des Bettes befand sich eine kleine Türe, die, wie ich später sah, zur Speisekammer führte und die Beethoven gewissermaßen bewachte. Denn als in der Folge eine Magd mit Butter und Eiern heraustrat, konnte er sich, mitten im eifrigen Gespräche, doch nicht enthalten, einen prüfenden Blick auf die herausgetragenen Quantitäten zu werfen, was ein trauriges Bild von den Störungen seines häuslichen Lebens gab...»

Und Schindler drückte das Elend mit den Worten aus: «Niemals wohl dürfte ein so großes Kunstwerk unter widerwärtigeren Lebensverhältnissen entstanden sein als diese Missa solemnis!»

FRÜHLING 1820

Da Beethoven noch im Herbst des Jahres 1819 «wegen übermäßigen Lärmens» vom Besitzer des Hafner-Hauses gekündigt worden war, mußte er zum Frühling wohl oder übel erneut auf die Wohungssuche gehen. Er entschied sich wieder für Mödling und dort für das Haus Babenberger Straße Nr. 38. Da er auf kurze Zeit noch nach Wien zurückkehren mußte, schrieb er von dort vor seiner Abreise vorsorglich an den neuen Hauswirt, Johann Speer, seine Wünsche auf: «Mein Herr! Ich melde Ihnen, daß ich Ende dieses Monaths oder spätestens ersten Maj in Mödling eintreffen werde, und ersuche, daß Sie gefälligst die Wohnung gänzlich ausputzen und ausreiben lassen, damit alles reinlich sey, und auch schon trocken; ich bitte Sie, nicht zu vergessen, den Balcon in guten Stand zu setzen, wofür ich Ihnen die extra versprochenen 12 fl. W. W. nebst dem ausgemachten Hauszins bei meiner Ankunft sogleich einhändigen werde.»

Um diese Zeit trug Beethoven sich mit dem Gedanken, ein kleines Haus für sich und den Neffen zu erwerben, in dem er ganz seinem Schaffen und der Aufgabe als Vormund leben könne – losgelöst von einer störenden Umwelt. Da er zu dieser Zeit das Sümmchen von 4000 Silbergulden erspart hatte, wäre ein solcher Kauf wohl möglich gewesen. In

Mödling, Babenbergerstraße Nr. 38,
Hof gegen Eingang

Beethovens Skizzenbuch aus dem Jahr 1820 findet sich die Eintragung:

«Nur einige Tage in dieser göttlichen Briehl – Sehnsucht oder Verlangen – Befreiung oder Erfüllung.» Als dann gar eine Anzeige in der Wiener Zeitung erschien: «Mödling, Haus zu verkaufen, Äußere Kapuzinerplage Nr. 58», schrieb der Meister eilends an seinen Verleger Steiner, der ihm in kommerziellen Dingen zur Seite stand. Doch dieser war nicht für einen Hauskauf. «Ich bin für keinen Kauf», antwortete er, «weil zu viel Lasten.» Und dabei sollte es bleiben.

SOMMER 1820

Beethovens Mödlinger Behausung vom Sommer – der sogenannte «Christ-Hof» – hatte eine alte Geschichte. Im 16. Jahrhundert war der Grund Eigentum der Augustiner-Mönche gewesen, die hier Weinbau betrieben. Das Haus selbst war einstöckig, der Balkon an der Ostseite angebracht, von außen durch eine Holzstiege längs der Hauswand zu erreichen. Beethoven bewohnte hier ein großes zweifenstriges Kabinett, dazu hatte er für seine Haushälterin im Parterre ein Zimmer gemietet. Weiter gehörten noch ein geräumiges Zimmer sowie Vorraum und Küche zu dieser Wohnung.

HERBST 1820

Schon früh im Herbst mußte Beethoven in die Stadt zurück, weil Karl erkrankt war. Er bezog überstürzt eine Wohnung in Alt-Lerchenfeld Nr. 8, ganz in der Nähe des Institutes Blöchlinger. Die Sorgen um das Ergehen des Neffen sind in den Konversationsheften dieses Jahres aufgezeichnet. Auf die Frage des besorgten Onkels schrieb Blöchlinger: «... Im Vergleich mit heute früh ist der Puls bedeutend schneller, welches aber auch zum Teil von der zu sich genommenen Nahrung herrühren mag. Wenn er bis Dienstag nicht zur Prüfung gehen kann, so werde ich schon dafür sorgen, daß er sie nachtragen kann ... Wir wollen indessen hören, was der Doktor heute dazu sagen wird ...»

Kaum war Beethoven der Genesung Karls sicher, trieb es ihn erneut, das Domizil zu wechseln. Allzu hastig zog er in die Wiener Landstraße, Ungargasse Nr. 391, um binnen kurzem feststellen zu müssen, daß die Wohnung seinen Ansprüchen keineswegs genügen könne. Sie war kalt und dunkel, lag auch zum Teil nach Norden. Den unzufriedenen Mieter hielt es gerade eben bis zum April des folgenden Jahres hin.

FRÜHLING 1821

Dann ging es wieder hinaus – nach Unter-Döbling Nr. 11, und von dort in aller Hast nach Baden; zuerst in die Antonsgasse Nr. 4, wo die Ouvertüre «Weihe des Hauses» entstand, und sodann in die Rathausgasse Nr. 10. Beethoven war unruhiger denn je.

Dieses Haus in der Rathausgasse gefiel ihm gut. Es war ein schlichtes Biedermeier-Häuschen, in dem der Meister die Sommermonate der Jahre 1821, 1822, 1823 verbringen sollte. Die Rathausgasse Nr. 10 ist

Baden, Rathausgasse Nr. 10

denkwürdig geworden, weil der Meister dort den größten Teil seiner Neunten Symphonie entwarf und die Missa solemnis vollendete.

Die Wohnung lag zur Hofseite hinaus und befand sich im ersten Stock des Hauses. Da er zuvor wegen seiner rheumatischen Beschwerden eine Kur im Johannesbad gemacht hatte, blieb ihm nur kurze Zeit für seine Sommerfrische übrig. Wie lieb ihm aber dieser Ort geworden war, das ergibt sich aus der Tatsache, daß er auch im folgenden Jahr – nach einem kurzen Kuraufenthalt in Döbling – am 7. September noch nach Baden kam. Am 27. September 1821 schrieb er: «Seit dem 7. September bin ich hier, wo ich bis Ende Oktober bleiben muß.» Auch 1822 nahm der von mancherlei Beschwerden Geplagte Bäder in Döbling, ehe es nach Baden ging.

Allerdings war in diesem Jahr die Wohnung in der Rathausgasse Nr. 10 noch nicht frei; so zog er denn für eine Woche in den Gasthof «Zum Schwan» in der Wiener Gasse und erst von dort aus in die Rathausgasse.

Beethovens Bruder Johann in Gneixendorf erfuhr in diesen Tagen: «...Über meinen Gesundheitszustand läßt sich nichts mit Gewißheit von einer wirklichen Besserung sprechen, ich glaube aber doch, daß durch die Kraft der Bäder das Übel, wenn nicht gehoben, doch unterdrückt werden wird...»

In einem anderen Brief – an seinen Verleger Peters in Leipzig – beklagt Beethoven sich darüber, daß er durch die Anwesenheit des Erzherzogs Rudolf während des August in Wien sehr in Anspruch genommen war und mehrere Male wöchentlich – da er doch in Döbling wohnte – hätte mit der Post in die Stadt fahren müssen. Dadurch sei er erst mit dem 7. September nach hier gekommen. «Kaum bin ich hier», so schreibt er weiter, «so befindet sich ein Theaterdirektor, der ein Theater in Wien erbaut und es mit einem Werke von mir eröffnet, hier, dem zu Gefallen ich einige neue Werke hinzuschreiben mußte ...»

Es handelte sich um den Wiener Theaterdirektor Karl Friedrich Hänsler und dessen neugestaltetes Theater in der Josefstadt. Das Werk «Die Ruinen von Athen» nach der umgearbeiteten Kotzebueschen Dichtung wurde hierfür ausersehen. Beethoven komponierte zu der Ouvertüre «Die Weihe des Hauses» einen Chor neu hinzu.

Eine dritte Badner Wohnung dieses Jahres ist nicht zuverlässig erwiesen. In einem Zinsaufschreibebuch des «Magdalenenhofes», Frauengasse Nr. 10, der einer Familie Grundgeyer gehörte, findet sich die Einzeichnung: «Beethoven, 1822, vom 11. Oct. an à Tag 2 fl. 45 kr. W. W. (2 Zimmer und Küche) 27 fl.»

Es könnte jedoch sein, daß es sich hier um Beethovens Bruder Johann oder den Neffen Karl gehandelt hat.

DAS JAHR 1822

Nach Wien zurückgekehrt, wohnte Beethoven im Winter 1821/1822 erneut auf der Hauptstraße Nr. 60. Und nach dem in der Badner Sommerfrische verbrachten Juli und August ließ Beethoven sich von seinem Bruder überreden, ein neues Quartier zu nehmen. Er gab die Wohnung auf der Hauptstraße auf und zog in die sogenannte «Laimgrube», Kothgasse Nr. 61. Hier hauste er mit seinem getreuen Freund Schindler zusammen einen ganzen Winter hindurch, obgleich die Wohnung kalt und düster war, das Haus unansehnlich und obwohl der Hausherr – «von gemeiner Gesinnung» – Beethoven viel zu schaffen machte. Doch die Arbeit an der Neunten half ihm über alle Kümmernisse schließlich hinweg.

Dienstbotenzeugnis

Ich bescheinige laut meiner Unterschrift daß Therese Kaufmann einen ganzen Monath bey mir in Diensten als Stubenmädchen gewesen, und sich fleißig und ehrlich während dieser Zeit betragen habe.

Ludwig van Beethoven

Wien
den 17ten März
1823

FRÜHLING 1823

Mit doppelter Sehnsucht sah Beethoven nach diesem Winter den ersten warmen Tagen entgegen. Es zog ihn wieder magnetisch in Wiens Umgebung hinaus – und zwar nach Hetzendorf, wo er sich in der Villa Pronay, Hetzendorfer Str. Nr. 75, häuslich einrichtete. Von Mitte Mai bis zum 13. August hielt er es hier aus. Aber obwohl die Villa schön und stattlich und Beethovens Wohnung darin weit und luftig, auch nach Süden gelegen waren, hatte er bald wieder etwas auszusetzen. Dieses Mal am Hausherrn, dem kunstbegeisterten Baron Pronay, der ihm «immer tiefe Komplimente mache, so oft er ihm begegne».

Beethoven hatte sich in diesen Monaten jegliche Besuche verbeten, da er intensiv mit der Neunten beschäftigt war. Sogar an Schindler schrieb er einen – wenn auch scherzhaften – Brief mit der Auflage: «...Bemüht Euch nicht hieher, bis etwa ein Hati Sherif erscheint. Lebt wohl, bringt auch Niemanden, lebt wohl...» Nun belästigte es ihn doppelt, daß der Baron andauernd seine Wege kreuzte, ihn mitten in den Inspirationen mit seinen Lobpreisungen langweilte und gar nicht merkte, wie sehr Beethoven die Einsamkeit wünschte und brauchte.

So kam es wie immer in solchen Fällen: Beethoven fühlte sich in dieser Wohnung nicht mehr wohl und setzte sich in den Kopf, auf der Stelle auszuziehen. Schindler berichtet darüber: «... Da erschien eines Morgens seine schnell segelnde Fregatte, die gute, alte Haushälterin, auf meiner Stube – es muß gesagt werden, daß Beethoven seit September 1822 seine Wohnung in der Pfarrgasse (vormals Kothgasse), Vorstadt Laimgruben, mit mir geteilt hatte – und brachte die Botschaft: der Meister fühle sich außerstande, in Hetzendorf weiter zu arbeiten, müsse daher von dort fort; er erwarte mich des andern Tages um 5 Uhr Morgens bei sich, damit ich ihm bei Aufsuchung einer Wohnung in Baden behilflich sei. Als Beglaubigung kamen nachstehende Zeilen von seiner Hand mit: Samothrazeichen L-k-. Macht, das Wetter ist gerade recht. Es ist aber besser früher als später, presto prestissimo, man fährt von hier.»

Diese Fahrt von Hetzendorf nach Baden wurde ein merkwürdiges Erlebnis für Schindler. Der mißmutige Beethoven ging alle jemals bewohnten Quartiere in Baden und Umgebung durch: keines wollte ihm für einen neuerlichen Einzug gefallen.

Das einzige, das ihm erträglich erschien, war jenes in der Rathausgasse Nr. 10. Dort aber hatte er sich mit den Hausleuten überworfen, so daß sie ihn nicht wieder aufnehmen wollten, was sie ihm vorsorglich gleich beim Auszug mitgeteilt hatten.

Schindler wurde nun von Beethoven zum Parlamentär ausersehen und verfügte sich zu den Leuten, einer wackeren Kupferschmiedefamilie, um in Beethovens Namen alle erdenklichen Tugenden, vor allem bessere Ordnung und erhöhte Rücksichtnahme gegen die Mitbewohner, zu versprechen. Indessen lief der Meister zitternd und zagend draußen auf der Gasse hin und her. Doch dem Kupferschmied standen die Ärgernisse mit Beethoven noch in allzu deutlicher Erinnerung: er wies Schindler mit ein paar Worten ab. Beethoven war außer sich. Nochmals mußte Schindler einen Vorstoß wagen – und wider Erwarten glückte er. Allerdings wurde eine Forderung mit Nachdruck erhoben, die geheimnisvoll anmutete. Beethoven sollte im Zimmer nach der Straße wieder wie im Vorjahr Fensterläden anbringen lassen. Beglückt sagte er dies zu, ohne nach dem Grund zu fragen. Für seine empfindlichen Augen, die häufig schmerzten, waren solche Läden ohnehin wohltuend.

Erst viel später hat Beethoven von einem Apotheker in Baden die Hintergründe des Fensterladen-Geheimnisses erfahren. Der Hausherr hatte die Läden, die Beethoven mit allerlei Rechnungen und Gedanken, womöglich auch musikalischen Einfällen, bekritzelte – an Sommergäste für ein hübsches Sümmchen verkauft. Und er hoffte nun, diesen einträglichen Handel fortsetzen zu können. Beethoven soll herzlich gelacht haben, als er dies alles erfuhr. Gekränkt hat es ihn nicht.

HERBST 1823

Trotz der Fürsorge seiner getreuen Haushälterin, Frau «Schnaps», fanden die Besucher Beethoven wieder in unordentlichen Verhältnissen an. Carl Maria von Weber schreibt von einem Besuch am 5. Oktober 1823: «... Wir fanden ihn in einem öden, fast ärmlichen Zimmer. Größte Unordnung, Musik, Geld, Kleidungsstücke auf dem Fußboden, auf dem unsauberen Bette Wäsche gehäuft, der offenstehende Flügel mit dickem Staube bedeckt, zerbrochenes Kaffeegeschirr auf dem Tische... Beethoven war in einen schäbigen, an den Ärmeln zerrissenen Hausrock gekleidet...»

Und Schindler stieß den Seufzer aus: «Mit seinen Manuscripten ging es im Jahre 1823 noch gerade wie zwanzig Jahre früher... Alles lag unordentlich umher, und wer allenfalls nehmen wollte, konnte es ungehindert thun. Sollte diese Gleichgültigkeit gegen seine Geistesproducte, deren Werth er doch recht gut kannte, nicht der sprechendste Beweis seyn, wie in dem Manne so gar keine Spur von Dünkel, Vornehmthun oder gar Egoismus zu finden gewesen?»

WINTER 1823–24

Im Winter dieses Jahres bezog Beethoven eine Wohnung auf der Landstraße Nr. 323 – ehemals Bockgasse «Zur schönen Sklavin», im III. Wiener Bezirk, den er vor anderen bevorzugte. Stephan von Breuning vermerkt: «Für kommenden Winter 1823/24 zog er in die Ungargasse in das linke Eckhaus zur

Bockgasse 5 (heute Beatrixgasse Nr. 5) mit der Aussicht in letztere. Hier vollendete Beethoven seine IX. Symphonie. Die Wohnung befand sich im 1. Stock.»

FRÜHJAHR 1824

Am 7. Mai 1824 wurde im Kärntnertor-Theater die große Konzertakademie abgehalten. Dabei kamen von Beethoven die Ouvertüre «Die Weihe des Hauses», drei Hymnen aus der Missa solemnis und die IX. Symphonie zur Aufführung. Die Uraufführung der IX. war ein grandioses, aber auch tragisches Ereignis: Beethoven konnte seine Werke nicht mehr hören und auch nicht die Beifallsstürme, die ihn überschütteten.

Unmittelbar nach diesem großen Triumph begab

Penzing, Hadikgasse Nr. 62

der Meister sich nach Penzing hinaus. Er nahm Wohnung in der Hadikgasse Nr. 62, in der Nähe des Schönbrunner Parkes. Das schöne Haus sah geradeaus über die Wienbrücke – es steht nicht mehr – und auf die Hietzinger Pfarrkirche. Ein großer Garten lud Beethoven zur Erholung und Besinnung ein. Doch der unruhige Geist hielt es auch hier nicht lange aus: schon nach drei Wochen zog er wieder um, obwohl er für den ganzen Sommer den Mietzins entrichtet hatte. Schuld war die Neugier der Menschen, die sich nach der letzten Akademie auf der Wienbrücke förmlich anstellten, um das Genie zu bestaunen.

SOMMER 1824

So ging er nach Baden, wo er Unterkunft in einem Nebengebäude des Schlosses Gutenbrunn fand. Das Schloß besteht nicht mehr, wohl aber das Beethoven-Häuschen. Es ist allerdings völlig umgebaut worden, und man vermag nur mit einiger Phantasie die damalige Wohnung des Meisters zu rekonstruieren.

Dieses Haus sah den kränklichen Beethoven, der bei allem eigenen Schmerz noch Kummer und Sorge um den geliebten Neffen auszustehen hatte. Beethoven richtete von hier die berühmten neunundzwanzig Briefe an Karl, die viele heftige Klagen enthalten, aber einmaliges Zeugnis der unerschöpflichen Güte und Liebe dieses «zweiten Vaters» sind. «... Suche den Narren», schreibt der gramvolle Onkel, «der sich so geopfert und so belohnt worden und täglich von Dir wird. – Das schlimmste sind die Folgen, die für Dich durch Dein Betragen entstehen werden.

Wer wird Dir glauben, trauen, der hört, was geschehen und wie Du tödlich mich verwundet hast und täglich verwundest... Alle Morgen bringe ich mit den Musen zu – und sie beglücken mich im Gehen auch...»

Doch nicht ganz verdunkelt waren diese Tage. Beethoven hatte die Kraft, noch zu schaffen... «alle Morgen bringe ich mit den Musen zu...» Manche Teile der drei Gallitzinquartette op. 127, 130 und 132 entstanden und reiften hier. Auch das op. 133 mag hier seine Ursprünge gehabt haben. Der Auftrag zur Komposition von Streichquartetten für den russichen Fürsten Nikolaus Boris Gallitzin datierte bereits aus dem Jahre 1822. Er hatte diesen Musikfreund anno 1805 in Wien kennengelernt. Schindler schrieb dazu: «Seit Beethoven mit dieser Arbeit begonnen hatte, strömte ihm ein solcher Reichtum neuer Quartettideen aus der unerschöpflichen Phantasie entgegen, daß er beinahe unwillkürlich noch das cis-moll- und F-dur-Quartett schreiben mußte.»

Und Beethoven schrieb an den Fürsten nach Moskau die wunderbaren Worte: «... Glauben Sie mir, daß mir das Höchste ist, daß meine Kunst bei den edelsten und gebildetsten Menschen Eingang findet...» Sein Lieblingsstück war die Kavatine Adagio molto espressivo aus dem B-Dur-Quartett op. 130, das er unter Tränen der Wehmut komponierte.

Welch menschlicher, doch dabei versöhnlicher Gegensatz, wenn man von Beethovens Speisezettel-Wünschen aus eben dieser Zeit erfährt. So bestellt er sich einmal – laut Konversationsheft – zum Mittag: Saftsuppe, Fleisch mit Sauce, Blaukohl mit Kastanien, Wilde Ente. Und vorsorglich meint er: «Wenn die Haushälterin aber keine Wildente bekommt, dann ein anderes Wildbret, Haselhuhn, Duckente, Wasser-Rohrhendl», das wäre ihm genehm. Dazu: Schlegel und Mehlspeise. Weil die Haushälterin meint, daß ein Rehschlegel für denselben Tag nicht herzurichten sei, fällt ihm gleich ein anderes Mahl ein. Sie einigen sich auf: Frittaten, Nudelsuppe, Fleisch mit Sauce, Spinat mit Karbonaden, kalten Kalbsbraten. Und als Nachtisch: eine verdeckte Speise – vermutlich eine Pastete oder einen Kuchen. Da aber Beethoven oft übel gelaunt wurde, sobald die geringste Kleinigkeit nicht geriet, und dabei der Köchin hart zusetzte, schreibt während des Essens ein Tischgast auf: «Sie (die Haushälterin) sagt, sie hätte heute gar keinen Wein verdient, aber sie will Ihnen in Zukunft alles in den Augen absehen, was Sie wünschen!» Über dieser Aussicht mag Beethoven der Frau ihr Glas recht vollgeschenkt haben – er konnte ja ohnedies nie lange zürnen.

WINTER 1824

Inzwischen war Karl auf die Universität gekommen. Daraus ergab sich, daß Beethoven den Winter in Wien verbrachte, damit der Neffe sein Recht bekam. Er fand im November eine Bleibe in der Johannesgasse auf Nr. 969 im 4. Stock, wo ihm jedoch die Hausbesitzerin, Frau Kletschka, nach drei Wochen «wegen geräuschvollen Benehmens» aufkündigte.

Grollend zog Beethoven nach der Krugerstraße um, und zwar in die damalige Nr. 767, rechte Stiege, zweiter Stock. Aber auch diese Wohnung sah ihn nur die kalten Monate hindurch.

SOMMER 1825

Im Sommer war Beethoven wieder im Nebenhäuschen von Schloß Gutenbrunn in Baden. Er unternahm Spaziergänge über viele Stunden, vergaß oftmals die Essensstunde und langte abends hungrig und müde in Baden wieder an.

Einmal wäre er fast in eine böse Lage gekommen: man hielt ihn für einen Vagabunden und wollte ihn arretieren. Es war aber so, daß Beethoven in seiner Zerstreutheit an diesem Morgen einen alten Rock angezogen hatte und ohne Hut von zuhause weggegangen war. Meditierend und voller Inspirationen ging er weiter und weiter, bis es dämmerig wurde. Da er nicht wußte, wo er sich aufhielt, stellte er sich unter die erleuchteten Fenster und schaute angelegentlich hinein. Einigen Bewohnern fiel der abgerissene Mann auf; sie brachten ihn auf die Wache, wo er sogleich verhaftet wurde. Auf seine wiederholte zornige Versicherung: «Ich bin Beethoven», wurde ihm spöttisch erwidert: «Warum nit gar. A Lump sind Sie – so sieht der Beethoven nit aus.» Erst der um Mitternacht noch herbeigerufene Musikdirektor Herzog von Wiener Neustadt wies Beethoven einwandfrei aus. Er nahm den erschöpften Meister mit in sein Haus, wo er im Gastzimmer einquartiert wurde. Am anderen Morgen beförderte ein Magistrats-Staatswagen ihn nach Baden – nicht ohne daß der Bürgermeister von Wiener Neustadt sich bei dem zu Unrecht Arretierten viele Male entschuldigt hätte.

WINTER 1825–26

Zum Winter nahm Beethoven im sogenannten «Schwarzspanierhaus» auf dem Alserstädter Glacis Nr. 200 in Wien Wohnung. In dieser letzten seiner irdischen Behausungen verblieb er vom 15. Oktober des Jahres 1825 bis zu seinem Ende am 26. März 1827. Das Haus hatte seinen Namen aus der Tatsache, daß es einstmals Kloster der spanischen Mönche in schwarzen Kutten war.

Diese Wohnung war allerliebst. Vor allem wies sie die von ihrem neuen Besitzer erwünschte weite Aussicht auf – und zwar über das Glacis und die innere Stadt mit ihren prächtigen Gebäuden, ihren Kirchen und Plätzen. Beethoven wohnte im zweiten Stockwerk. Man gelangte über eine schöne, breite Haupttreppe in diesen Stock und, vom Flur durch eine niedere Tür eintretend, in ein geräumiges Vorzimmer. Aus diesem Raum gelangte man direkt in die Küche und dann in ein großes Zimmer, das von der Haushälterin – der guten «Sali» – bewohnt wurde. Links neben dem Vorzimmer lag ein Kabinett, dessen Fenster zur Straße hinausging; daneben ein zweites Kabinett; rechts neben dem Vorzimmer befand sich ein Zimmer mit zwei Fenstern und daneben nochmals ein Kabinett. Eine Verbindungstür führte von dort aus in das Dienstbotenzimmer.

Beethoven hatte sich die beiden Zimmer rechts vom Vorzimmer als Schlaf- und Klavierzimmer sowie als Kompositionsraum eingerichtet. Hier stand der Broadwood-Flügel – ein Geschenk von Freunden aus England –, das alte Stehpult, an dem so viele unvergängliche Werke entstanden waren, und der Schreibtisch.

Über die weitere Einrichtung erfahren wir von

«Schwarzspanierhaus»
auf dem Alserstädter Glacis Nr. 200

Schindler: «Auf dem Schreibtisch waren als Briefbeschwerer zu sehen Kosaken und Ungarische Husaren, dazu einige Leuchter von verschiedenen Formen, mehrere Schellen, vom Silber- bis zum Schafglockenton, einige Statuetten alter Griechen und Römer, davon sich nur mehr die von Brutus erhalten, den er so sehr bewundert hat, und Schreibutensilien von neuester Erfindung. Ferner sah man Glockenzüge, in einem Zimmer mit einer kostbaren dicken Seidenschnur, im andern mit einem hanfenen Strick usw. Für Möbel jeder Art hat der Meister nicht mehr verwendet, wie der ärmste Handwerker. Er kaufte sie stets beim Trödler. Bei seinen Stadt-Promenaden verweilte er vor diesem oder jenem Laden, die Auslagen so lange belorgnettirend, bis er sich in irgend etwas verliebte und es kaufte. Manche dieser Gegenstände waren für den Neffen bestimmt. Das beständige Wanderleben, Einpacken und Auspacken, hat jedoch dieses mitunter ernste Spielzeug immer wieder aus dem Gesichtskreis verschwinden gemacht. Nur einiges konnte aufbewahrt werden.»

In dieser Wohnung vollendete Beethoven die letzten Streichquartette für den Fürsten Gallitzin, und zwar op. 131 in cis-Moll und op. 135 in F-Dur.

SOMMER 1826

Es war die Tragik im Leben Beethovens, daß der, an den er sein einsames, großes Herz gehängt hatte – der Neffe –, sich dessen unwürdig erwies. Am 26. Juli des Jahres 1826 machte der ungeratene Jüngling auf dem Turm der Ruine Rauhenstein im Helenental einen Selbstmordversuch, der zu seinem und Beethovens Glück mißlang. Aber wie tief traf er damit den Oheim! Schindler drückte das aus, als er wehklagend rief: «Beweise tiefen Schmerzes ob der seinem Namen widerfahrenen ... Kränkung waren deutlich in seiner gebeugten Haltung zu erblicken. Ein Greis von nahezu siebzig Jahren stand vor uns, willenlos, fügsam, jedem Luftzug gehorchend ...»

Ja, Beethoven war zutiefst getroffen. Von diesem Schlag erholte er sich nicht mehr. Er war willenlos geworden; und aus diesem Zustand entschloß er sich zu dem, was er alle Jahre hindurch wohlweislich unterlassen hatte: er kam der Einladung seines Bruders Johann auf dessen Schloß Gneixendorf bei Krems nach. Die Umstände dieser Reise aber sollten das Ende Beethovens beschleunigen. Es kam rascher, als seiner körperlichen Verfassung nach zu erwarten war.

HERBST 1826

So machten sich denn Onkel und Neffe in den letzten Septembertagen des Jahres 1826 auf den Weg nach Gneixendorf. Es war dies ein liebliches Barockschlößchen mit schönen Ausblicken in die Gegend längs der Donau. Das Schloß hatte einen Uhrturm und ein Mansardendach. Es ist heute noch leidlich erhalten.

Das Eckzimmer im ersten Stock wurde Beethoven von seinem Bruder eingeräumt. Noch einmal kehrte in dieser begnadeten Umgebung die alte Schaffenslust zurück. Er schrieb das Finale zum Galitzin-Quartett op. 130 und vollendete das Streichquartett op. 135. Auch sein Humor lebte wieder auf. So schrieb er am 13. Oktober 1826 an Tobias Haslinger, seinen langjährigen Verleger in der Wiener Paternostergasse: «Bester aller Tobiasse! Wir schreiben Ihnen hier von der Burg des Signor Fratello ... Die schöne Witterung und der Umstand, daß ich den ganzen Sommer hindurch nicht aufs Land kam, ist schuld, daß ich hier länger verweile ... Indessen, bester Tobiasserl, brauchen wir Geld, denn es ist nicht alles eins, ob wir Geld haben oder keins.»

Beethovens Tageslauf in Gneixendorf glich ganz dem in Baden, Penzing und Heiligenstadt. Gleich nach dem Frühstück trieb es ihn ins Freie; er schlenderte auf den Feldern umher, schrie, schlug mit den Händen den Takt, ging einmal langsam, dann wieder rasch, blieb plötzlich stehen und schrieb in seine Notizbücher.

Einmal merkte er am Mittagstisch, daß er seine Aufzeichnungen verloren hatte. «Michael», sagte er zu seinem Diener, «laufe und suche meine Schriften, ich muß sie um jeden Preis wieder haben!» Und dieser, der die Spazierwege seines Herrn genau kannte, fand sie wirklich.

Um halb 1 Uhr kam der Naturschwärmer gewöhnlich zum Essen ins Haus. Nach Tisch ging er auf sein Zimmer und ruhte ungefähr bis 3 Uhr. Nachmittags eilte er wieder durch die Wälder und Felder bis vor Sonnenuntergang.

Er besuchte das Städtchen Krems, ging durch die Weinberge von Langenlois; im Dörfchen Imbach besichtigte er die Kirche und stieg zum Barockstift Göttweig empor, um die Aussicht über die gesegnete, fruchtbare Wachau zu genießen.

«Ich hoffe, noch einige große Werke zur Welt zu bringen und dann, wie ein altes Kind irgendwo unter guten Menschen meine irdische Laufbahn zu beschließen...», schrieb er im Dezember 1825 an seinen alten Freund Wegeler in Bonn.

Doch dieser Wunsch sollte Beethoven nicht mehr erfüllt werden. Da er sich immer schwächer fühlte, auch seine Beine anzuschwellen begannen, dachte er an die Rückkehr nach Wien. Mit dem «elendesten Fuhrwerk des Teufels», einem Milchwagen, mußte er die Heimkehr antreten, weil sein Bruder ihm die Benutzung seiner geschlossenen Kalesche versagte.

Unterwegs wurde in einem Dorfgasthaus Station gemacht. Erste Fieberschauer stellten sich ein. «...Mit dem Eintritt der Fieberhitze trank Beethoven ein paar Maß eiskaltes Wasser und sehnte sich in seinem hilflosen Zustande nach dem ersten Lichtstrahl des Tages... Kraftlos und erschöpft langte er in Wien am 2. Dezember im Schwarzspanierhaus an...», so lautete der Bericht des Arztes Professor Dr. Andreas Wawruch über die letzte Krankheit seines berühmtesten Patienten.

FRÜHJAHR 1827

Am 26. März 1827 zwischen 4 und 5 Uhr abends starb Ludwig van Beethoven im Schwarzspanierhaus zu Wien, «... als die allenthalben herangetriebenen dichten Wolkenmassen mehr und mehr das Tageslicht verdunkelten, und mit einem Mahl entlud sich unter riesigem Schneegestöber und Hagel ein heftiges Gewitter... Ein Blitz fuhr hernieder und erleuchtete grell das Sterbezimmer... Nach diesem unerwarteten Naturereignis ... öffnete Beethoven die Augen, erhob die rechte Hand und blickte starr mit geballter Faust mehrere Sekunden lang in die Höhe mit sehr ernster Miene... Als er die erhobene Hand wieder auf das Bett niedersinken ließ, schlossen sich seine Augen zur Hälfte. Kein Atemzug, kein Herzschlag mehr. Des großen Tonmeisters Genius entfloh aus dieser Trugwelt ins Reich der Wahrheit...», berichtet der Komponist Anselm Hüttenbrenner, der allein bei dem Sterbenden geblieben war.

Der Unruhvolle hatte endlich Ruhe gefunden, er war in seine ewige Heimat eingegangen. Sein rastloses Suchen, seine kleinen menschlichen Schwächen und Unzulänglichkeiten – sie machen uns den Genius nur vertrauter. Zeitlos wie seine Musik steht das Bild des Menschen Beethoven vor unseren Augen. In jeder Begebenheit seines Lebens dürfen wir ihn erkennen: den «Gemütlichsten aller Guten»! So nannte ihn sein Zeitgenosse und Freund Johann Wolfmayr. Seine Liebe zum Menschen und zu seinem Werk ließ ihn sein Schicksal ertragen; er gab – und gibt noch immer: Tröstung und Erbauung, Aufschwung und Frieden. Als Motiv für Wirken und Sein aber mögen die Worte gelten, die er aus tiefer Wahrheit an den Beginn seiner Missa solemnis stellte: «Von Herzen – möge es wieder zu Herzen gehen.»

BEETHOVENS HINTERLASSENSCHAFT

Nach Abzug der Krankheits-, Begräbnis- und Gerichtskosten, die rund 1213 Gulden ausmachten, belief sich Beethovens Hinterlassenschaft auf folgendes:

bares Geld	*1215,60 Gulden*
Einlösungsscheine	*600,– Gulden*
Guthaben	*144,53 Gulden*
Bankaktien	*7441,– Gulden*
Kostbarkeiten	*314,50 Gulden*
Leibkleider und Leibwäsche	*37,– Gulden*
Hauswäsche und Einrichtung	*156,– Gulden*
Musikinstrumente	*78,– Gulden*
Musikalien und Handschriften	*480,30 Gulden*
Bücher	*18,20 Gulden*
Zusammen	*10485,13 Gulden*

Die Versteigerung des Nachlasses am 5. November 1827 ergab 1440 Gulden 18 Kreuzer K.-W., was nach heutigem Geld etwa 2865 Mark wären.

ZEITTAFEL

von Beethovens Leben

1770 wahrscheinlich 16. Dezember in Bonn geboren, am 17. Dezember getauft.

1778 26. März erstes öffentliches Auftreten als Klavierspieler in einem Konzert in Köln.

1781 Kunstreise mit der Mutter nach Holland. Seine ersten Werke «Variationen» usw. und «Drei Sonaten für Klavier in Es-Dur, F-Moll und D-Dur» (erschienen 1782 und 1783).

1782 Hilfsorganist in Bonn.

1783 Cembalist. Rondo für Klavier in A-Dur (erschienen 1784). Drei Quartette für Klavier, Violine, Viola und Violoncello in C-Dur, Es-Dur und D-Dur (erschienen 1832).

1784 Konzert für Klavier und Orchester in Es-Dur (erschienen 1890).

1785 Hoforganist in Bonn.

1787 Erster Aufenthalt in Wien. Vorspielen bei Mozart. 17. Juli Tod seiner Mutter.

1789 Mitglied der Hofkapelle (Kammermusikus).

1790 Zwei Kantaten (erschienen 1887).

1791 Fahrt nach Mergentheim.

1792 Juli Zusammentreffen mit Haydn in Bonn. Im November dauernde Übersiedlung nach Wien. Weiterbildung bei Haydn u. a. 18. Dezember Tod des Vaters.

1795 29. März erstes öffentliches Auftreten in Wien als Klavierspieler und Komponist. Konzert für Klavier und Orchester in B-Dur Opus 19 (erschienen 1801). Drei Trios in Es-Dur, G-Dur, c-Moll, Opus 1 (erschienen 1795). Drei Sonaten für Klavier in f-Moll, A-Dur, C-Dur, Opus 2 (erschienen 1796).

1796 Januar Konzertreise nach Berlin (Auftreten am Hofe und am 28. Juni in der Singakademie). «Adelaide» Opus 46 und Arie «Ah perfido» Opus 65 (erschienen 1797).

1798 Drei Sonaten für Klavier in c-Moll, F-Dur, D-Dur, Opus 10. Drei Sonaten für Klavier und Violine in D-Dur, A-Dur, Es-Dur, Opus 12. Sonate pathétique in c-Moll, Opus 13, gewidmet dem Fürsten Karl Lichnowsky. Septett Opus 20.

1800 Erste Symphonie in C-Dur, Opus 21. Ballett «Die Geschöpfe des Prometheus», Opus 43 (erste Aufführung 1801). Sechs Quartette Opus 18. Drittes Klavierkonzert in c-Moll, Opus 33. 2. April erste öffentliche Akademie im Burgtheater: u. a. erste Symphonie, das große Septett in Es-Dur, und von B. selbst gespielt, das Klavierkonzert in C-Dur.

1801 Die Mondschein-Sonate, cis-Moll, Opus 27, Nr. 2, der Gräfin Julia Guicciardi gewidmet. Sonate für Klavier in D-Dur, Opus 28.

1802 Oratorium «Christus am Ölberg», Opus 85 (aufgeführt 1803). Zweite Symphonie in D-Dur, Opus 36 (erste Aufführung 5. April 1803, erschienen 1804). 6. Oktober das Heiligenstädter Testament.

1803 Erzherzog Rudolf von Österreich wird sein Schüler.

1804 Dritte Symphonie (Eroica) in Es-Dur, Opus 55 (erste Aufführung 7. April 1805).

1805 20. November erste Aufführung der Oper «Fidelio». Viertes Klavierkonzert in G-Dur, Opus 53.

1806 29. März Aufführung der zweiten Fassung des «Fidelio». Leonoren-Ouvertüre Nr. 3. Vierte Symphonie in B-Dur, Opus 60. Sonate für Klavier in f-Moll, Opus 57 (Appassionata, 21. Februar 1807). Oktober, Aufenthalt beim Fürsten Lichnowsky in Grätz.

1807 An die «Unsterbliche Geliebte». Koriolan-Ouvertüre, Opus 62. 13. September erste Aufführung der Messe in C-Dur, Opus 86.

1808 Im Herbst Ruf nach Kassel als Hofkapellmeister. 22. Dezember Akademie: Erste Aufführung der fünften Symphonie in c-Moll, Opus 76, der sechsten (Pastoral-)-Symphonie in F-Dur, Opus 68, von Teilen der «Chorfantasie», in c-Moll, Opus 80, und des G-Dur-Konzertes.

1809 1. März Aussetzung eines Jahrgehalts. 13. Mai Besetzung Wiens durch die Franzosen. 31. Mai Tod Haydns. Sonate für Klavier in Es-Dur, Opus 81 (Les Adieux). Es-Dur-Konzert Opus 73.

1810 (Frühling) Verkehr mit Bettina v. Arnim. Musik zu Goethes «Egmont», Opus 84 (erste Aufführung 24. Mai 1810).

1811 Das österreichische Finanzpatent. Trio in B-Dur Opus 97.

1812 Siebte Symphonie in A-Dur, Opus 92 (datiert 13. Mai), und achte Symphonie in F-Dur, Opus 93 (vollendet im Oktober). Juli in Teplitz mit Goethe zusammen.

1813 8. Dezember Akademie: u. a. erste Aufführung der siebten Symphonie und der Schlachtensymphonie (Wellingtons Sieg bei Vittoria) Opus 91. (12. Dezember und 2. Januar 1814 Wiederholung der Akademie).

1814 27. Februar Akademie: u. a. erste Aufführung der achten Symphonie. Im Mai letztes öffentliches Auftreten als Klavierspieler. 23. Mai Aufführung der dritten Fassung des »Fidelio» (vierte Ouvertüre, in E-Dur). 26. September dieselbe vor den zum Kongreß versammelten Herrschern. 29. November große Kongreß-Akademie («Der glorreiche Augenblick», Opus 136).

1815 15. November Tod des Bruders Karl. Vormundschaft über dessen Sohn Karl.

1816 Liederkreis «An die ferne Geliebte», Opus 98.

1818 Vollendung der Quintettfuge Opus 137 und der Klaviersonate in B-Dur, Opus 106.

1818 – 1822 Missa solemnis Opus 123. Die drei letzten Klaviersonaten, Opus 109–111.

1822 Rossini und Schubert bei Beethoven. Im November letztes öffentliches Auftreten als Dirigent.

1823 Grillparzer, Carl Maria von Weber und Liszt bei Beethoven.

1823 Dreiunddreißig Veränderungen über einen Walzer, Opus 120.

1823 –1824 Neunte Symphonie in d-Moll, Opus 125.

1824 24. Februar Adresse der Wiener Musikfreunde. 7. Mai erste Aufführung der Neunten Symphonie. Quartett in Es-Dur, Opus 127.

1825 Quartette in a-Moll, Opus 132, B-Dur, Opus 130 (letzter Satz 1826) und Quartettfuge in B-Dur, Opus 133. 15. Oktober bezieht er seine letzte Wiener Wohnung im Schwarzspanierhause (früher Kloster spanischer Mönche in schwarzen Kutten).

1826 30. Juli Selbstmordversuch seines Neffen Karl. 29. September nach Gneixendorf zum Bruder Johann. Die beiden letzten Quartette in cis-Moll, Opus 131, und F-Dur, Opus 135. 2. Dezember Rückkehr nach Wien und Erkrankung.

1827 März. Hiller und Hummel wiederholt bei Beethoven. 24. März Empfang der Sterbesakramente. 26. März Tod (nachmittags 5 Uhr 45). 29. März Beerdigung auf dem Währinger Friedhof. Grabrede Grillparzers.

BEETHOVENS WOHUNGEN

in Wien und Umgebung

Wien: Alsergasse Nr. 45 bei Buchdrucker Strauß – Dachgeschoß 1792
Alsergasse Nr. 45 bei Fürst Lichnowsky – Erdgeschoß 1793/94
Alserstädter Glacis Nr. 200 (Schwarzspanierhaus) 1825/27
Alservorstadt, Rotes Haus 1802, 1803
Am Petersplatz, 4. Stock 1802
Auf der Seilerstätte, Gräflich Lamberti'sches Haus 1815/16
Bockgasse Nr. 5, 1. Stock, III. Bezirk 1823/24
Gärtnergasse Nr. 26, 1818
Hauptstraße Nr. 60, 1821/22
Im Klepperstall 1809
Johannesgasse Nr. 969, 4. Stock 1824
Josefstädter Glacis 1818/19
Krugerstraße 767, 2. Stock 1824
Laimgrube Nr. 26 – Theater an der Wien, VI. Bezirk 1802/3
Laimgrube – Kothgasse Nr. 61, 1822
Landstraße Nr. 268, 2. Stock 1817
Mölkerbastei Nr. 8, 4. Stock 1804, 1805, 1806, 1807, 1810
Mölkerbastei Nr. 10, 1808
Mölkerbastei Nr. 94, «Bartenstein-Haus», 1. Stock 1813, 1814, 1815
Tiefer Graben Nr. 241, 3. Stock, I. Bezirk 1799, 1800
Ungargasse Nr. 391, 1820
Walfischgasse Nr. 1087, 2. Stock 1809
Wasserkunst-Bastei Nr. 1196, I. Bezirk 1801
Wiener Kreuzgasse Nr. 35, 2. Stock 1795
Wiener Landstraße Nr. 244, Großes Haus der Augustiner 1818
Wiener Freiung, Gasthaus «Römischer Adler», I. Bezirk 1816/17

Wien-Alt-Lerchenfeld: Nr. 8, 1820

Wien-Penzing: Hadikgasse Nr. 62, 1824

Baden: Antonsgasse Nr. 4, 1821
Grabengasse (ohne Nummer) 1807

Johannesbad 1806, 1807, 1810, 1815
Rathausgasse Nr. 10, I. Stock 1821, 1822, 1823
Schloß Gutenbrunn (Nebengebäude) 1824, 1825
Sauerhof 1813

Baden-Weikersdorf: Gräflich Ossolinsky'sches Haus 1816

Döbling: ohne Anschrift 1804

Ober-Döbling: Nr. 4 – Biederhof 1803

Unter-Döbling: ohne Anschrift 1800, Nr. 11, 1821

Gneixendorf Schloß: 1826

Heiligenstadt: Grinzinger Straße Nr. 8, 1808
Pfarrplatz Nr. 2, 1817
Probusgasse Nr. 6, 1802

Hetzendorf: Hetzendorfer Straße Nr. 75, 1823
Seilernsches Schlößchen 1801

Mödling: Babenberger Straße Nr. 38, 1820
Hauptstraße Nr. 79, I. Stock, 1818, 1819

Nußdorf: Kahlenberger Straße Nr. 26, 1817

PERSONENVERZEICHNIS